三重の
スロー食堂 Ⅲ

うるし椀によそうだけで味噌汁がごちそうに。
笹浦裕一朗 作　http://sasaura.com/

地域の食は地域で支える
これまでも、これからも。

　いまこの本を手にされているあなたは、『NAGI』という雑誌のことをご存じないかもしれません。西暦2000年の夏に創刊した三重県を取材対象とするローカル季刊誌です。

　NAGIでは20年以上、一貫して「持続可能な暮らし」を探ってきました。環境に与える負荷を少なくした第一次産業、産地から消費地までをなるべく短距離で結ぶ流通、食材本来の生命力を損なわない加工や販売方法…。地産地消に積極的な生産者や調理人を「スロー」な手法として、誌面で取り上げてきました。SDGsなんて言葉が生まれる、ずっと前から。

　NAGIで取材した飲食店の中から「スロー」をキーワードに、再編集したのが別冊『三重のスロー食堂』です。

新型コロナウイルスの世界的流行によって、当たり前にあった食材の流通が滞ったとき、それまでは地域の経済循環やフードマイレージの観点から推奨されてきた地産地消が、持続可能な暮らしのために最も理にかなっていたことが改めて証明されました。

　三重で育まれた新鮮な食材を、ベストな調理法で提供してくれる作り手のお店は、食べるよろこび、すなわち"生きるよろこび"を実感させてくれます。大手資本の外食チェーンは、安くて早くて年中無休でありがたいのですが、食の背景が見えづらく、メニューもサービスも画一的。地方の流儀を感じさせる、あのシェフの、あの大将のお店が無くなってしまったら…悲しくなりませんか？

　サステナブルな未来のためにわたしたちができること。それは、①地産地消を実践する　②フードロスをなくす　③伝統的な食文化の知恵に学ぶ　こと。

　本書に掲載のお店は、そんな食のあり方を伝えています。

（編集人）

三重の
スロー食堂 Ⅲ　目次

◎本書の掲載店は、「NAGI」01～84号までに取材したお店から選んで再編集しています。
◎データは2021年3月時点のものです。ご来店の際には必ずお店にご確認をお願いいたします。
　値段表記は記載のない店は税別。別途サービス料がかかるお店もあります。
　料理内容は季節等により写真と異なる場合があります。
　クレジットカード、電子マネーの利用条件等につきましては直接お店にお問い合わせください。
◎新型コロナウイルスの影響で、お店の判断で営業日や営業時間が異なる場合があります。
◎お店の人の写真は、取材用にマスクを外していただいております。

木曽三川が潤す肥沃な大地から

北勢

01 [四日市] ターヴォラ カルダ オオノ

イタリア料理の伝統を尊重
2階にはワインショップも

南北に長く、州ごと町ごとの伝統や風習、そして食を愛する人々が暮らすイタリアで経験を積んだ大野由高シェフ。伝統的な道具で手づくりされるパスタは、ぜひ食べておきたい一品。秋はポルチーニ茸や白トリュフが海の向こうから入荷。イベリコ豚やトリッパなど、ワインと楽しみたいアラカルトがいつも揃っている。

マダムの真由美さんはソムリエとして料理に合わせるワインを複数提案してくれる。2階にはコアなワインショップ『トレプント』をオープン。自然派ワインの造り手と飲み手との架け橋になっている。

ランチ2200円〜
おまかせコース5700円〜
アルカルト660円〜　税込

☎ 059-354-9350
四日市市元町9-14
営／11:30〜13:00　18:00〜21:00（共にL.O)
休／日曜、月・火曜の昼　※最終日曜は営業
席／20席　個室／なし　車／5台
カード・電子マネー／可

1／志摩産真鯛のズッパディペッシェ。アサリや海老からの旨みも加わり、シンプルながら奥深い味。
2／大野さん夫妻。マダムはソムリエで元陶芸家でもある。2階には粋なワインショップが。
3／アンティーク家具が置かれたシックな店内。

02 四日市 ビストロ シャン

小さな畑で野菜を栽培
住宅街に佇む夫婦二人のビストロ

閑静な住宅街の一角にある小さなフランス料理店。「畑」を意味する店名の通り、青い扉のすぐ近くには畑があり、ハーブがすくすく育っている。両親が育てる野菜の健やかな味が脳裏にあった瀬古敬介シェフは、オープンにあたり自らの手で野菜をつくると決めていた。

ランチ、ディナーともコース仕立て。オードブル、メイン、デザートは数種類もの選択肢が用意されている。長年のファンが選ぶのは仔羊肉とフォワグラの組み合わせ。贅沢な食材をたっぷり味わえる、知る人ぞ知る隠れ家だ。

昼2300円〜
夜3600円〜

☎ 059-366-1533
四日市市伊坂台1-8
営／11:30〜13:30　17:30〜20:00（共にL.O)
休／日曜（翌月曜が祝日の場合は日曜営業）
席／16席　個室／なし　車／7台
カード／可（コースにより）　電子マネー／可

1／仔羊のロースト にんにく風味のソース。奥はフォワグラのポワレ ポルト酒ソース。
2／伊坂台の住宅地にひっそりと佇む。
3／夫婦二人で切り盛りする。マダムの真理さんはソムリエでもある。

03 四日市 ヴェロ

夜ごとワインラヴァーが集う
商店街2階の小さなビストロ

　諏訪公園近く、商店街の2階。狭くて急な階段を上がると、岡本英志さん亜希さん夫妻がいつもの笑顔で迎えてくれる。

　修業時代にワインに目覚め、東京でソムリエ資格を取得。南麻布のワインバーと中目黒のビストロを経て帰郷した岡本さんがワインに合うアラカルトを仕立てる。

　看板メニューは自家製シャルキュトリー。ブーダンノワールのテリーヌは、ベルベットの舌触りと癖になる旨味がたまらない。ホロホロ鳥のポワレ、仏産鴨のロースト……付け合わせの野菜にも丁寧な仕事をほどこし、心地よく酔わせてくれる。

鴨のロースト1600円
自家製ソーセージ780円
三重野菜のサラダ850円

☎ 059-356-1545
四日市市諏訪栄町16-3長田ビル2F
営／18:00〜25:00　日曜は23:00（共にL.O）
休／火曜と第2・4月曜
席／20席　個室／なし　車／なし
カード・電子マネー／可

1／フランスの伝統的な製法でつくられた自家製シャルキュトリー。
2／自力でリノベーションした店内に魅惑のワインがスタンバイ。
3／岡本さん。地元の生産者の野菜をサラダに、付け合わせに用いる。

04 四日市 ラジカフェ アパートメント

昼飲みスタイルも様になる
アーケード街のオアシス

　コーヒー、音楽、建築、食……川村健治さん香織さん夫妻の好きを詰め込んだカフェは、旧東海道沿いのアーケード街に。いつ訪れてもごきげんな音楽が流れ、おいしそうな香りが充満している。

　厚切り生ベーコンと、きららの里の卵を3個も使うカルボナーラは、ガーリックの風味が効いた濃厚な味わい。友人のために生み出された一皿が、今では店を訪れる理由の一つにまで上り詰めた。

　夫婦揃ってソムリエでもあり、昼間から飲めるグラスワインやベルギービールを提案してくれる。

パスタセット・オムライスセット1000円（ランチ時）
カルボナーラ990円
コース2800円〜

☎ 059-352-4680
四日市市諏訪栄町1-6
営／10:00〜14:00　18:00〜23:00（共にL.O）
休／水曜
席／80席　個室／なし　車／なし
カード・電子マネー／可

1／卵黄3個分を使うカルボナーラ。生ベーコンも三重県産。セットはサラダ、ドリンク付き。
2／元呉服店を改装した奥に長い空間。2階はライブや二次会、パーティー向けの大バコ。
3／ソムリエバッジが光る川村夫妻。

05 四日市 ゆるり

築100年余の古民家カフェで
国産小麦と天然酵母の石窯パンを

　引き戸を開けると、香ばしい匂いに包まれる。昭和元年に普請された古民家を、山本明美さんがすてきに甦らせたベーカリーカフェ。パンを焼くのは手作りの石窯で。表面こんがり、生地はみっちりしていて弾力があり、1個の満足度が高い。

　力を入れているのは、油脂・砂糖・乳製品を使わない天然酵母パン。国産小麦や安全食材にこだわり、お菓子も手作り。石窯の余熱でスープやジャムを煮込み、ピザも石窯で。どれも他では味わえない。

　車で10分圏内に石窯で焙煎する息子さんの店『手焙煎珈琲あさぎ』がある。

焼きたてパンサンド500円～
ミネストローネ550円
ピザ各種750円～（ランチセット有）　税込

☎ 059-364-7765
四日市市広永町1153
営／9:00～18:00
休／日・月・火曜
席／24席　個室／なし　車／15台
カード・電子マネー／不可

1／パンが香り高いBLTTサンド。具材は手作りコロッケ、生ハムとクリームチーズなども。コーヒーは、息子さんの店あさぎでゆるりブレンドに焙煎してもらっている。
2／薪ストーブが据わる土間と、畳に座椅子の和室。どちらものんびりできる。
3／店主の山本さん。ご縁ある人の野菜やお菓子、雑貨類も販売している。

06 四日市 猫町文庫

**動物病院の一角にある
食事が絶品のブックカフェ**

　コマ動物病院の一角にあるブックカフェ。創業時から店をまかされている佐々木一貴さんの料理は、狭小キッチンからは想像できない本格仕様。赤ワインで4時間煮込んだ牛タンのシチューはまろやかなデミソースが絶妙だ。おまかせでディナーコースの予約もできる。無添加・手仕込み・無濾過で知られる滋賀県『ヒトミワイナリー』のワインが各種あるほか、ワンちゃん用メニューも。

　いせひでこ、佐野洋子、谷川俊太郎、和田誠、今江祥智…壁一面にそびえる蔵書を読みながら料理を待ちたい。

猫町プレート1980円
シチューランチ1680円
ディナーコース4000円〜

☎ **080-4538-2280**
四日市市中川原1-2-37
営／11:00〜16:00　18:00〜22:00
（日・月曜は16:00まで）　休／木曜
席／14席　個室／なし　車／5台
カード・電子マネー／不可

1／タンシチューには、それぞれ調理法の異なる野菜が添えられ、栄養バランスもいい。
2／愛犬連れのお客さんも多い。
3／コマ動物病院と入口は共通。奥にカフェが。

07 四市 ベジキューブカフェ

野菜と豆腐をメインに
深夜まで営業する創作ダイニング

　ベジは野菜、キューブは豆腐。この2素材を組み合わせたヘルシーメニューが売り。オープンキッチンに立つ天白裕志さんは、会席料理店で修業を積んだだけに素材に重きを置く。

　「伊賀の有機野菜と、鈴鹿のてんてん農園の野菜を併用してます。豆腐はたいてい自家製ですが、料理により使い分けも」

　肉と魚、野菜、豆腐など、栄養バランスを重視した松花堂スタイルのランチは、正統派の味わいばかり。生マグロの造りは欠かさない。喫煙可能施設の為、20歳未満の入店は不可（11〜14時は禁煙）。

日替わりランチ1200円
追加料金でグレードアップ可
自家製自然酵母パン250円〜　　税込

☎ 059-351-0326
四日市市ときわ1-3-7
営／11:00〜15:00　18:00〜24:00（共にL.O）
休／不定
席／34席　個室／なし　車／9台
カード／不可　電子マネー／可

1／冬の日替わりランチの一例。おせち料理を意識した小皿に季節感が。ドリンクとデザートも付く。
2／伝統製法にのっとって作る自然酵母パンは主に週末に販売。
3／バイクと車が趣味の天白さん。毎月第1日曜のみ、三岐鉄道丹生川駅前でパンの出店も行う。

08 四日市 坂井屋商店

東京で得た和食の技と知識で無添加素材のお弁当とお惣菜を

　東京で最も長く勤めたのが江戸懐石の店で、自然食品店でも働いた経験をもつ坂井紳介さん。故郷へUターンし、和食とオーガニック食材の二枚看板を掲げた。

　コロナ禍を機に生まれたこだわり弁当は日替わり。昆布と鰹節で引いただしを生かした煮物や揚げ物、焼き物、漬け物と五原味の変化に気を配る。無農薬野菜は、近隣農家をはじめ全国から。豆腐や納豆、平飼い卵、調味料にお茶、酒類、お菓子まで、取り扱い品は1000を超える。

　卵10個を使う名物の厚焼き玉子をはじめ、無添加惣菜は単品でも購入可。

弁当926円（1日10食）予約可
お惣菜200円〜
持ち帰り厚焼き玉子500円・980円

☎ 059-336-6310
四日市市下さざらい町3-16
営／10:00〜19:00（お弁当11:30頃〜）
休／火・水曜
席／2席　個室／なし　車／14台
カード・電子マネー／不可

1／10種近いお惣菜が詰まった日替わり弁当。四日市の減農薬栽培米は、五目ごはんや十穀米の日も。
2／新鮮な平飼い卵でつくる名物の厚焼き玉子。
3／坂井さん。大豆ミートなども上手に活用する。

09 朝日 ベリーベジ

カラフルな色合わせで元気チャージ
菜食家がつくるマクロビごはん

　ビーツの赤、食用菊の黄色、山盛りサラダの緑……ボストンでマクロビオティックを学んだ川﨑千恵さんの手がける料理は、完全ビーガン仕様。アレルギーがある人も楽しく外食できるようにと、見た目からも工夫されている。

　「マクロビでは良質なお肉、お魚もとりますが、菜食の場合、動物性たんぱく質の代わりをするのが雑穀。栄養値が高くてヘルシーな元祖スーパーフードです」

　安全安心な野菜は、いなべや自家農園の健やかな大地から。無添加調味料で素材本来の味と力を引き出している。

デザート付きお昼ご飯
1650円　税込
完全予約制

☎ 080-3662-3869
三重郡朝日町縄生2103-1
営／11:30〜14:30
休／日〜木曜
席／16席　個室／なし　車／10台
カード・電子マネー／不可

1／ある日のランチ。大豆のテリーヌ、フレッシュグリーンサラダ、かぶと菊花のマリネ、パプリカのクスクスパティ、春菊ペンネ、ビーツのポタージュ。食後にはドリンクと魅惑のデザートも。
2／スイーツ類も卵、乳製品、小麦粉は不使用。夏はきび糖、冬は甜菜糖で。
3／大根を天日干し中の千恵さん。前職はグラフィックデザイナーだ。

10 [桑名] イルフェボウ

野菜ソムリエのシェフがつくる
フランス料理を地酒と

郊外の住宅地に現れる南仏オーベルジュのようなフレンチレストラン。24歳で渡仏し、パリ、シャンパーニュ、マルセイユ、アビニヨンと幾多の厨房を経験した菊野容功（よしかつ）シェフは、県産を主とした食材を華麗な一皿に昇華する。

「開店して10年。地元との繋がりが深まったことで、地酒や地ビールとのペアリングが提案できるようになりました」

野菜ソムリエでもあるシェフ。桑名で無農薬栽培する農家複数と契約し、それぞれから得意なものを仕入れて野菜のポテンシャルを最大限に活かしきる。

ランチ2800円～
ディナー4300円～　税込
完全予約制

☎ 0594-84-6370
桑名市新西方3-22
営／11:30～13:00　18:00～20:00（共にL.O）
休／水曜（臨休あり）　席／16席　個室／あり　車／6台
カード・電子マネー／可
◎2021年春、店内改装に伴い上記一部が変更予定

1／「伊勢赤どり、さくらポーク、桑名ハマグリ、できるかぎり県産にこだわりたい」と菊野シェフ。
2／ブドウ棚に迎えられるエントランス。店内はギャラリーとして作家の展示が入れ替わる。
3／コース料理より伊勢鶏のバロティーヌ（手前）、天然スズキのパブール。どちらも付け合わせに有機野菜の彩りと味わいが。

11 桑名 カフェフラワー

**プロヴァンス香る石造りのカフェで
ラクトベジタリアン料理を**

　住宅街にこつぜんと現れるプロヴァンス風の石造り。ここで福村英利子さんがつくるのは、野菜と大豆を中心に、卵と乳製品は取り入れるラクトベジタリアン料理。それに切り替えてから体調が良くなったという自らの経験にもとづいている。

　大豆肉を使った創作メニューがとにかく豊富。洋食、ラーメン、丼、精進うなぎなど、いつ行っても用意されているごはんものが10種。植物性ソースで味わうパスタは9種類。定番メニューを増やし、選べるランチを提供している。事前連絡すれば除去食にも対応してくれる。

ランチ1100円～
パスタ980円～
テイクアウト丼880円～

☎ 0594-31-8666
桑名市陽だまりの丘7-203
営／11:00～16:00（ごはんものは14:00まで）
休／木・金曜
席／50席　個室／なし　車／15台
カード・電子マネー／可

1／大豆ミートのハンバーグ。卵と乳製品を使わない味噌かつ丼、竜田揚げ丼、ハヤシライスなども。
2／創作メニューが得意な店主の福村さん。
3／ガーデニング職人が手がけたプロヴァンス風の建物。インテリアはアンティーク調に。

12 <small>いなべ</small> ビストロ・シェスギ

自家野菜をふんだんに
いなべづくしのフランス料理

　桑名といなべを結ぶ濃州街道沿い、夫婦でもてなすビストロ。杉本佳津男シェフは、自店ならではの強みを探していたとき、父親が丹精込めていた自家野菜に着目。野菜ばかりか、果物やハーブまで年間100種類を栽培し、料理に使うように。

「この地の自然と四季を、フレンチの技法で提供する。それが私の役目」と地元で獲れた鹿や猪肉、桑名の魚をコースに積極的に採り入れる。

　マダムはソムリエ。料理に合わせて提案されるワインを傾けながら、いなべの風土を一皿ひと皿堪能したい。

ランチ2420円〜
ディナー3960円〜
完全予約制　税込

☎ 0594-72-7777
いなべ市北勢町麻生田中道1439-2
営／11:30〜13:30　17:30〜20:00（共にL.O）
休／火曜
席／16席　個室／なし　車／20台
カード・電子マネー／不可

1／オマール海老のナージュ。魚介の旨みを感じさせるソースの海を海老が泳ぐイメージだ。
2／ビストロを名乗っているが、実は正統派フレンチレストラン。
3／存在感のある脇役を求めて自家菜園へ毎朝収穫に行く杉本シェフ。

13 桑名 鐵屋+Cafe
（くろがねや）

アートに触れながら午後のひとときを
鉄彫刻家のギャラリー＆カフェ

鉄と木を組み合わせたテーブルや椅子、錆びの表情を楽しむ一輪挿し…。鉄彫刻家・イマオカヒデノリさんの作品を展示するギャラリー2階には、屋根裏部屋の趣でカフェスペースが設けられている。

有機栽培コーヒー、有機出雲紅茶、琉球ハーブなど、体にやさしい飲み物をセレクト。ランチはパンとごはんの2種類あり、沖縄ふうのサンドイッチと鐵屋流にアレンジされたタコライスなど。鶏ひき肉に重奏的なスパイス、たっぷりの地野菜でどちらもヘルシーだ。魅力を知ってほしいと、鉄を打つワークショップなども行っている。

ランチセット1500円〜
有機コーヒー・紅茶550円　税込

☎ 0594-42-5860
桑名市長島町押付120
営／10:00〜15:30(L.O)
休／月・火・水曜（祝日は営業）
席／18席　個室／なし　車／7台
カード・電子マネー／可

1・3／今岡さんが愛して止まない沖縄の味を野菜たっぷりでアレンジしたタコライス。奥が島サンドのランチ。妻の和美さんと共に料理をつくっている。
2／鉄作品に出迎えられるカフェ。ギャラリーでは自身と、親交ある作家の作品を展示販売。

14 <small>鈴鹿</small> Yamakawa

レース関係者御用達
深夜まで食べ飲めるトラットリア

　イタリアのレストランで4年、東京で4年修業してから故郷鈴鹿で独立した山川裕之さん。土地柄、F1開催時にはレース関係者で大賑わいする。

　「イタリアには日本人が思う典型的な料理はありません。全土20州、それぞれの伝統に根付く郷土料理があるだけ」

　前菜、パスタ、ピッツァ、メイン料理……びっくりするほどメニューが多く、同業者からも驚かれる。ワインも然り。毎年イタリアへ飛んで生産者から直接仕入れてくる。3種類の肉を盛り合わせたスペシャリテ「お肉のオールスターズ」は必食だ。

お任せコース3800円〜
漁師風バッケリ1650円

☎ 059-378-0280
鈴鹿市算所3-20-5
営／11:00〜14:00　17:30〜21:30
バー21:30〜23:00（すべてL.O）
休／月曜（祝日は営業、翌日休み）
席／45席　個室／あり　車／15台
カード・電子マネー／可

1／パスタは手打ち。魚介は石川県の七尾から毎週届き、ジビエは美杉の罠師が獲ったもの。500種2000本を超すワインのストックは、県下一との噂も。
2／3種類の肉を軽くグリルしたのち、炭火で香りをつけるお肉のオールスターズ（2980円）。
3／イタリア語が堪能な山川さんと妻の奈津子さん。

15 （鈴鹿）農家カフェ ippongi

米粉の焼菓子、ライスミルクも自家製
農家兄妹がひろげるお米の可能性

　田んぼの中に立つ長太の大楠。この一本木を日々眺めながら米作りに励む杉本憲洋さん、郁恵さん兄妹は、古い納屋を改装してカフェをオープンした。

　父の信念である無農薬・無化学肥料栽培による米は、保水力が高く、もっちり感が格別。鍋で炊いたごはんが主役のランチは、郁恵さんの担当。3種類用意し、月・火・金曜はお弁当にして移動販売も。キッシュやシフォンケーキも米粉でと意欲的だ。米の可能性を広げるため、菓子のブランド「こがねいろ」も立ち上げ、若い感性で情報発信している。

お昼ごはんドリンク付き1200円
お弁当800円
デザートプレート700円

☎ 059-385-1726
鈴鹿市中箕田1-2-6
営／コロナ対応中につき電話で確認を
月・火・金は鈴鹿市内で移動販売
休／水・木曜　席／24席　個室／なし　車／8台
カード／不可　電子マネー／可

1／ランチで提供する「お米に合うおかず定食」を、お弁当仕立てに。米は販売も（2合300円）。
2／厨房担当の郁恵さんとホール担当の憲洋さん兄妹。父と3人で米作りに取り組んでいる。
3／納屋を改装したカフェ。テーブルや椅子は廃校からのいただきもの。レトロで落ち着ける。

16 亀山 ひのめ

生産者が日の目を見るように
気鋭の料理人が提案するひと皿

　オーガニック食品を扱う岡田屋本店の裏手。納屋を改装したレストランで腕をふるう上谷朋大さんは、県産野菜を軸に、ジャンルを超越した料理を提案する。

　以前は大阪のフランス料理店に勤めていたが、食への探求心から世界各地を訪ね歩き、オーストラリアで牧場を手伝った経験が今に生きている。旅で培った味覚の引き出しから、焼く、蒸すといったシンプルな調理法がとられるが、柿をグリルしたり、和洋中を飛び越えたスパイスを利かせたりと冒険的。普通のコース料理に飽いた美食家たちを魅了している。

昼2500円・5000円
夜5000円・7500円
予約制

☎ 0595-83-4769
亀山市西町438
営／11:00〜　18:00〜
休／火・水曜
席／14席　個室／あり　車／7台
カード・電子マネー／可

1／料理はコース仕立て。本藍染のナプキン、器は作家物と、空間と時間をまるごと楽しませる仕掛け。
2／「三重の魅力は大地の豊かさ」と上谷シェフ。90年代生まれの同世代ソムリエとナチュラルワインの裾野を広げる活動にも取り組む。
3／亀山宿の通りの一角にある。

17 （亀山）トラットリア イルテルノ

食材に魅せられて移住したシェフ
北海道×三重×イタリアの三重奏

北海道出身で三重の食材に惚れ込んだ佐藤大隆シェフが、双方の地の恵みを生かすイタリア食堂。オホーツク海のホタテ、北海道産イクラ、亀山・小林ファームの豚肉、薮本養鶏園の卵…メニュー食材を眺めるだけで胸が高鳴る。

ピッツァの生地は、北海道の小麦粉「春よ恋」と三重の「ニシノカオリ」を半分ずつブレンド。チーズも道産とイタリア産とを適材適所で巧みに使いわけ、佐藤さんにしか生み出せない料理でお客を惹きつける。コースでチョイスする人が増えたのは、シェフへの信頼の証だろう。

ランチ1050円～
ディナー2500円～（要予約）

☎ 0595-96-8017
亀山市アイリス町13-105
営／11:00～13:30　カフェ14:00～16:00
デリ販売11:30～18:30　金・土のみディナー対応
休／日・月曜
席／20席　個室／なし　車／11台
カード・電子マネー／可（金額条件あり）

1／パスタやピッツァなど盛りだくさんなシェフおまかせコース（6000円・要予約）。
2／札幌や東京のレストランで修業後、三重の食材に魅せられ移住した佐藤シェフ。
3／オープンは2012年。珍しい食材が織りなす料理めがけて市外からもお客が訪れる。

18 [亀山] ヤシの木食堂

管理栄養士の経験と知識で
食事制限がある人も楽しめるように

　管理栄養士の河村友梨さんが持てる知識と経験を生かし、健康な人も病気で食事制限がある人も、同じテーブルで食事を楽しめるようにとオープン。自家栽培の米や野菜を中心に身土不二の考えで食材を選び、やさしい味付けの日替わりランチを提供する。テーマは「まごわやさしい」。豆、ごま、わかめ（海藻）、野菜、魚、しいたけ（きのこ）、芋類がバランスよく散りばめられている。制限食は事前に相談を受けて、そのつど献立を考案。食育やダイエットなど、ランチのあとに食の相談ができるのはとても心強い。

ランチ1500円（限定10食）
お弁当800円〜
モーニング800円〜

☎ 0595-86-5800
亀山市田村町1829-1
営／11:00〜15:00　土日 8:30〜10:30 モーニング
休／不定
席／12席　個室／なし　車／8台
カード・電子マネー／不可

1／ヘルシーながら満足感も得られるヤシの木ランチ。お弁当も対応する。
2／店主の河村さん。
3／シンボルツリー。花言葉は家族愛・平和。

原材料は大豆と塩だけ
杉桶仕込みの豆味噌、たまり

　ゴトッ、ゴトッ…。大きな杉桶の中からひとつずつ、醤油色に染まった重石が人力で手渡されていく。「石出し」とよばれる豆味噌の醸造現場ならではの作業だ。桶の中に長いこと封印されていた大豆と塩水の結晶が、発酵、熟成を経て数年ぶりに外気にふれる。醸造家の本地猛さんは顔を近づけ、味噌をひと口つまむと「うん」。満足そうに頷いた。

　『東海醸造』は鈴鹿市内唯一となった味噌・たまり醤油の蔵元。創業は元禄年間（1688〜1703）以前といわれる。「四日市の垂坂、鈴鹿の玉垣、松阪の中万は昔、伊勢神宮に納める米こうじをつくっていた地域なんです。そこからご当地味噌が生まれ、各地域に醸造所が何軒もあったんです」

　味噌は、大豆に合わせるこうじの種類で分類される。米こうじを合わせたら米味噌、麦こうじなら九州でポピュラーな麦味噌に。豆味噌だけが大豆そのものをこうじとする特殊な醸造方法で、全国でも東海三県だけ。湿気の多い風土の下、徳川家康が兵糧としての生産を奨励し、郷土の味として定着した。

　原材料は大豆と国産海塩のみ。丸大豆を蒸して、味噌玉をつくり、自然冷却させてから杉桶の中へ入れ、塩水を注ぐ。空気を遮断するよう詰めたら布で覆い、その上に大きな重石を150個ほど積み上げる。そこから先は自然まかせ。空調のない蔵の中、桶内に住み着いた酵母や菌の力によって大豆がゆっくりと分解される。夏はぶくぶくと発酵し、冬は石の下でじっくり耐える。この寒暖のサイクルを最低3回以上繰り返すことで、深みのある天然醸造味噌ができあがるのだ。

　たまり醤油は、豆味噌の副産物。大豆が分解されることで生まれたコクとトロミは、他に代えがたいうまみの結晶だ。鈴鹿市の学校給食では、地場産大豆の味噌と醤油が使われているそう。地域で生まれた農産物を、地域で自然醸造した調味料は、人のからだにやさしくなじむ。

東海醸造／鈴鹿市西玉垣町1454
TEL. 059-382-0001

NAGI-67号　撮影／松原 豊

HAMASA ARCHITECT
有限会社浜佐建設・一級建築士事務所UNKNOWN
三重県志摩市大王町波切2547 TEL.0599-72-5570　明和オフィス/明和町大字行部589-9

名牛、ジビエ、川魚…

中勢

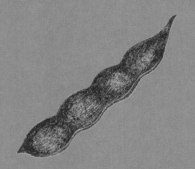

19 ● 津 シャトー ラ・パルム・ドール

塩の魔術師が魅せる
エレガントなフランス料理

　料理を即興でつくりあげるテレビ番組に出演し、「塩の魔術師」の異名を得た後藤雅司シェフ。2001年、津市山の手にオープンしたレストランを15年後、あのつ台へ移転させたのは、夢のようなウエディングパーティーも引き受けるという覚悟から。パティスリー、ブーランジェリーを併設する、美食のシャトーだ。

　儚き味を纏った食材を、素早く、ミリ単位でバランスを整え、余白を残しながら盛り付けた一皿ひと皿は、カラフルにしてエレガント。滋味深い手長海老のビスクは味わっておきたいスペシャリテである。

1

平日 ランチ 3800円〜
平日 ディナー 6500円〜

☎ 059-236-6583
津市あのつ台5-2-1
営／11:30〜14:00　18:00〜19:30（共にL.O）
休／月・火曜
席／30席　個室／あり　車／80台
カード・電子マネー／可

2

3

1／幾種類もの味覚の取り合わせが、五感を喜ばせる前菜。
2／120席のウエディング会場、レストラン、パティスリー、ブーランジェリーが一所に。ケーキやパンだけ求めるファンも多い。
3／これからも地域に貢献したいという後藤シェフ。

20 津 ミュゼ ボンヴィヴァン

鹿、猪、大ウナギ、アナグマ……
田舎の恵みをフレンチの技術で

　一頭買いで仕入れる数は年間60頭。美杉の罠師がとらえた野生鹿の滋味にいち早く気付き、厨房で熟成させてからメインディッシュとして提供してきた出口直希シェフ。足繁く通う食通たちの期待に応えるべく、美味探求のフィールドワークはさらに広がりを見せている。魚介は前浜、紀伊長島、渓流からは大ウナギも。肉は美杉ジビエの他、ヨーロッパからウサギ、シギ、ときに地物のアナグマも。「大地や生産者と繋がれるのは田舎のシェフの特権です」

　野菜や南国果物まで津市産を見つけ出し、忘れがたい料理に昇華させる。

ランチ1980円〜
ディナー5000円〜（要予約）
プリフィックス3400円〜

☎ **059-223-7070**
津市大谷町11 三重県立美術館内
営／11:30〜14:00　18:00〜19:30（共にL.O）
カフェタイム10:40〜16:00（L.O）
休／月曜　席／40席　個室／なし　車／150台
カード・電子マネー／可

1／美杉鹿とウサギ、干しイチジクのパテ。仔猪の瞬間燻製、アナグマのシャルキュトリー、津市産のフレッシュバナナ、国産トリュフが添えられている（コース料理より）。
2／三重県立美術館の展示にちなんだ特別メニューが出されることも。
3／「良い食材はすべて生産者から教わりました」と出口さん。ソムリエとしての信頼も厚い。

21 ● 津 ステーキなかお

松阪牛 肥育頭数ナンバーワン
自社牧場牛を鉄板焼きで

松阪牛の肥育頭数日本一の牧場「なかお畜産」が営む予約制のステーキレストラン。脂の融点が低く常温でも溶け出す松阪牛の圧倒的な美味しさを、消費者にダイレクトに届けたいと、A5ランクや特産松阪牛（当地での肥育日数900日以上）のみ提供する。料理は贅沢なコース仕立て。おすすめのサーロインセットは、前菜から始まり、スープ、ステーキ、ガーリックライス、水菓子で締め。目の前の鉄板で焼かれたステーキは、噛み締めると赤身の内側から甘くコクのある脂がじんわり溢れだし、口福を実感する。

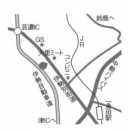

サーロインステーキセット11000円
コース料理14000円〜
予約時にメニューの選択を

☎ 059-230-2989
津市大里睦合町2412-3
営／11:30〜13:30　17:30〜21:00
休／月曜（祝日は営業、翌日休み）臨休あり
席／20席　個室／あり　車／15台
カード／可　電子マネー／不可

1／サーロインセットの一例。
2／客前でステーキを焼く杉原祐佳さんは、なかお牧場の娘さん。
3／伊勢別街道沿いの洒落た店は見つけ易い。

22 津 喫茶tayu-tau

古いものを慈しむ夫妻が改装
寺内町の時の流れに馴染むカフェ

　錆びた鉄看板がぶら下がる一身田駅前の古い洋館。音楽を通じて人生を共に歩むようになった飯島慎さん、寿代さん夫妻は、自分たちの〝好き〟を表現する生き方としてカフェを選択した。

　いかめしい金庫が静まる土間、薪ストーブが据えられた部屋…二人でこつこつ改装に励んだ空間は、懐かしくて落ち着ける。料理は慎さん、デザートやパンは寿代さんが担当。ハンバーグは、納得いくまで改良を加えた慎さんの誠実さを感じる傑作。ソースが2種あり、甲乙つけがたい。おだやかなひとときを、心地よい空間で。

ハンバーグセット1880円
メンチカツセット1980円
オムライスセット1780円

☎ 059-253-7817
津市大里窪田町863-30
営／食事は電話予約しての入れ替え制
①11:00～②11:30～③13:00～④13:30～
休／日・月曜（臨休あり）　席／20席　個室／なし
車／10台　カード・電子マネー／可

1／メイン料理にパンかライス、ワンドリンクが付くスタイル。ハンバーグはダブルもある。
2／茨城の「カフェ ラ ファミーユ」でもてなしを学んだ飯島夫妻。
3／製菓学校出身の寿代さんがつくり出すデセールは美しくてずっと眺めていたくなる。

23 津 ペコリーノカフェ

彩り豊かなおかずは服飾出身ゆえ 岩田川を眺める超人気カフェ

デミグラスハンバーグに野菜グラタン、トマトスープの赤、サラダの緑、紫キャベツのマリネ。見るからに元気がわいてくるランチだ。かつて服飾デザイナーだった森田尚美さんは、ホームパーティーを開くうち、友人知人からの依頼でお弁当やオードブルを作ることが増え、カフェ経営が本職になった。

岩田川に面した店内は、朝夕で変わる水面の景色が時を忘れさせる。ランチはどれもボリュームがあり、こころもおなかも満たしてくれる。季節で変わるフルーツタルトは、専任パティシエ渾身の作。

1／洋食だったり和食だったり。冬はあたたかいものが増える週替わりペコリーノランチ（1300円）。
2／セーヌ河のほとりにいるような洒落た店内。
3／となりの子供服店も経営する森田さん。

チキン南蛮ランチ1300円
エビとホタテのシーフードピラフ1000円
タルト各種500円〜

☎ 059-222-2610
津市東丸之内3-7
営／10:00〜16:00(L.O)
休／日曜
席／25席　個室／なし　車／2台
カード・電子マネー／不可

24 津 かくしか食堂

津のまんなかで理想の和朝食を
素材の味を出汁で高める定食屋

「日本料理店で働いていたとき、朝型の生活リズムが気持ちよくて。独立したら朝食を出そうと決めてたんです」

料理人歴20年余。丹羽孝文さんは、和食と中華で培った経験を、朝と昼のごはんに生かすことにした。7時半からの朝メニューは味噌汁がおいしい〝理想のごはん〟。揚げ、炊き、和え、マリネと、アレンジを利かせた小鉢は、どれも優しい味わい。炭火で焼いた魚は、皮目のこんがりまで絶妙だ。昼どきは唐揚げ、煮豚丼、中華飯などガッツリ系も。シビレ麻婆麺は、山椒風味と甜麺醤のコクがくせになる。

朝食660円～1320円
とろける煮豚丼1100円
シビレ麻婆麺990円

☎ 059-246-8075
津市東丸之内8-5
営／7:30～9:30　11:00～14:00（共にL.O）
休／日曜
席／17席　個室／なし　車／なし
カード／不可　電子マネー／可

1／素材と出汁のうまさを味わってほしいと繊細な薄味。柚子やナッツでアクセントを添える。
2／洗練された空間は、奥に長いうなぎの寝床状。
3／松菱の帰りに寄る人も多い。駐車場がないので近隣のコインパーキングを利用して。

25 ●津 たんぽぽ

酵素玄米ごはんがおかわり自由
子を思う母ごころの食堂

　おかわり自由のごはんが、白飯と酵素玄米の2種用意されているすごい食堂。酵素玄米ごはんとは、玄米と小豆を炊いて3日ほど保温熟成させたもの。モチモチと粘りがあり、噛み締めるほどうまい。「私がアレルギー体質で、健康について調べる中で存在を知って」松山幸代さんの経験から採用されている。

　定食の定番は、日替り、唐揚げ、とんかつ、てりやき…。球児3人を育てた母ちゃんの愛情たっぷりごはんだ。豚肉は松山さんの地元久居の「頑固おやじの豚」を使用。定食と中身が同じお弁当も人気。

定食700円〜
お弁当600円〜

☎ 059-224-5616
津市野崎垣内岩田355-2
営／11:30〜13:30　18:00〜20:00（共にL.O）
休／日曜と祝日、水曜の夜
席／13席　個室／なし　車／6台
カード・電子マネー／不可

1／人気を二分するテリヤキ（奥）とゆずチキン。こってりとあっさりで甲乙つけ難い。
2／メイン料理に150円の追加で2品プラスできる小鉢。デザートまであり、毎回悩ましい。
3／松山さん（右）と、建物のオーナーで店を手伝う久世さん（左）。子どもが同級生だった縁。

26 ⦿津 b-Cafe

育児ママが息つぎできる
０歳からのみんなのカフェ

　保育士として長年働いた河村隆太さんが、古民家を自ら改装してオープン。週替わりのランチは、一汁三菜のおうちごはん。丁寧にとられた出汁と野菜たっぷりの味噌汁にホッとする。「すごい料理はむりだけど、普通のごはんを丁寧に作ってます。若い子育てママたちの参考になれば」

　月齢に合った絵本やおもちゃ、子どもが大好きな隠れ場所、DIYのままごと用キッチン…。子ども用メニューではうどんを、短め、ぬるめ、薄めの味にリクエストできるなど、気遣いが随所に。全面座敷なのでハイハイ時期の赤ちゃんにもやさしい。

おとなごはん1020円
ドリンクセット1240円
（パパはセットドリンク無料）　税込

☎ 059-253-4959
津市高茶屋3-15-10
営／11:00〜18:00（予約で延長可）
休／日曜
席／24席　個室／あり　車／12台
カード／不可　電子マネー／可

1／おとなごはんは週替わり。ごはん、お惣菜、味噌汁がワンセット。
2／手作りデザートも豊富で人気がある。
3／河村隆太さん、ちゆきさん夫妻。ご主人自ら、絵本や人形劇のワークショップを企画することも。

27 ●津 一汁一飯
いちじゅういっぱん

料亭さながらのだしとおにぎりを
気軽にテイクアウト＆イートイン

すすった瞬間、肩の力が抜けた。昆布と鰹節がたっぷり使われた高級料亭さながらのだし。それがテイクアウト用容器に入り、凝った具材のおにぎりと一緒に持ち帰りできるなんて。だしとおにぎりの専門店を思いついた日下部（くさかべ）卓也さんに感謝したくなる。

県産米みえのえみを使ったおにぎりは、定番と季節限定が。一番人気は焼鮭ごま油風味。平日イートイン限定もあり、からすみ削りたては黄金色で絢爛。牛銀の炙り肉味噌はこんがり焼き目がいい。だしの材料や伊勢茶も販売している。

塩むすび150円
焼鮭ゴマ油風味240円
おだし250円～

☎ **059-253-1876**
津市久居新町1083-1
営／8:00～14:00（火～金）　7:00～15:00（土日）
休／月曜
席／18席　個室／なし　車／40台（共用）
カード・電子マネー／可

1／これをおにぎりに?という素材の組み合わせがマッチしていて楽しい。季節のポタージュは、夏は朝採りとうもろこしが冷製で。
2／平日のイートイン限定、イタリア産ボッタルガの削り（350円）。からすみの芳香がふわり。
3／娘の椿ちゃんと日下部夫妻。卓也さんは、だしソムリエ1級。

28 （津）cafe ナナクリ

週末だけオープンする
茶室を改装したスローなカフェ

　青山高原へ向かう国道165号沿い。飛び石のエントランスの先にある日本家屋が、土日のみカフェとしてオープンする（※）。長年茶道をたしなんできた三澤美恵さんが、茶室に一目惚れし、お店にした。「菜食やオーガニックに偏らず、自分が良いと思う素材や品を提供できれば」

　手作りのランチは、酵素玄米おにぎりや、中華粥、スパイスカレーをベースに、四季を感じさせるおかずが添えられる。

　茶釜で沸かした湯でいれる抹茶やネルドリップコーヒーはまろやか。豊かな時間を提供してくれる。

酵素玄米おにぎりセット
1500円
台湾茶と菓子750円〜
マサラチャイ550円

☎ 059-202-5747
津市庄田町544
営／11:30〜日暮れ
休／月〜金曜　※2021年7月から不定期で平日もオープン予定
席／14席　個室／なし　車／10台　カード・電子マネー／不可

1／酵素玄米おにぎりセット。予約でテイクアウトにも応じてくれる。
2／外観は古民家のまま。店内は明るく改装され、静かに読書するにも最適。
3／茶名を持つ三澤さん。茶釜の湯でいれる抹茶やコーヒーはまろやかな味わいだ。

29 津 そば処 大西

夫婦で最上のもてなしを
コースの掉尾を飾る洗練のそば

　そばと料理をたった二人で、最高の状態で供するには完全予約制のコースしかない。大西宏一良（こういちろう）さん、沙織さん夫妻は思い切った。

　四季折々を映す料理は、すり流しから。押し寿司、自家製鴨ロース、揚げそばがき…美味珍味の盛り合わせは、つい日本酒を傾けたくなる。そばがゆ、天ぷらときて、真打ち登場。透明感があり、1本1本の角が立ったそばは、挽きぐるみならでは。豊かな香りが鼻の奥を抜けていく。味わいにオーケストラのような重厚感があるのは、福井県の在来種ゆえ。

コース3800円・6000円
完全予約制　税込

☎ 059-255-1133
津市戸木町3503-1
営／11:30〜15:00
休／月曜と火曜
席／16席　個室／あり　車／8台
カード／不可　電子マネー／可

1／そばは二八。喉越しを重視し、細く軽やかに仕上げている。
2／かつて祖父母が住んでいた家を店舗にした。
3／石臼で自家製粉し、打ちたてを供する大西さん。

30 （津）まねきそば

美杉の里山に惚れて大阪から移住
天ぷらもワサビもない十割蕎麦

　独創的なそば屋である。初めてのお客には、あるじ橋本克之さんが厨房から現れて必ず生そばを見せてくれる。

　「今日はこちらの2種類です。どちらにしますか、半分ずつもできますよ」。緑色がかった抜きそばは、添えられた天然海塩を少量付けると風味がいや増す。玄そばは全粒粉らしく香りやコクが濃厚だ。つゆもおろしも不要な出来だが、つゆに浸すと「これは！」。昆布の甘みで、箸が進む。

　食都大阪で長く商い続けてきた実力者は、栽培者の思いを100%味わってほしいと十割そばしか打たない。潔し。

1／そばは季節に応じて国内の一番いい産地から仕入れる。この日は滋賀産と北海道産。あるじの出身地・能登の入浜式海塩が添えられる。
2／美杉の景色に惚れて移住した橋本さん。

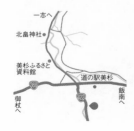

里山の花（ざるそば）900円
星の華1300円（要予約）
税込

☎ 080-3818-6323
津市美杉町上多気362-1
営／11:00〜15:00（なくなり次第閉店）
休／水・木曜
席／10席　個室／なし　車／5台
カード・電子マネー／不可

31 津 朔（さく）

緑まばゆいカウンター席で
雲出川の恵みを心ゆくまで

　川が流れ、緑したたる庭の傍には茶畑があり、梢には野鳥の姿が。ここは雲出川上流部の美杉町にある里山。那須の旅館で精進した沓澤敬さんは、わが子に生きる手本となろうと日本料理店を開いた。

　自給自足を前提とした敷地は1800坪。ウエルカムドリンクから始まるコースは、炭火でじっくり炙られたアマゴの塩焼きや、名人が獲った鹿肉の藁焼きなど、雲出川でつながる地域の産物が主だ。ご飯は、敬さんが冬期潅水・不耕起栽培するキヌヒカリのかまど炊きで絶品。四季ごとに訪れたい小宇宙だ。

1

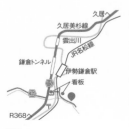

雲出川の恵み6000円
完全予約制

☎ 080-6928-3939
津市美杉町八知3541
営／11:30〜、13:15〜の2部制
休／水・木・金曜　冬期休業あり
席／5席　個室／なし　車／5台
カード／可　電子マネー／不可

1／素材の味を生かしてシンプルに調理される。気候のよい時季は、窓が開放されて自然と一体に。
2／草地で遊ぶヤギのシロが出迎えてくれる。
3／沓澤さん夫妻。食後は部屋を移動し、ゆるりとくつろぐ仕掛け。

32 津 坂本小屋

あぶり焼き、刺身、炊き込みご飯…
自家で育てるアマゴを囲炉裏端で

　雲出川の支谷・坂本川に沿って杉林を進むと、杉皮葺きの小屋に迎えられる。先代が始めたアマゴの原種保存という使命を、2代目・坂元邦夫さんが受け継ぎ、天然ものに引けを取らない色と形に育てたアマゴ料理でもてなしてくれる。

　せせらぎを聞く庵の中、囲炉裏には炭火が赤々と熾されている。串に打たれた塩焼きが焼けるのを待つ間に、刺身、甘露煮、から揚げ…アマゴづくしの料理が頃合よく運ばれてくる。これぞ風流の極み。冬は大アマゴの深山鍋を、仲間とゆっくり楽しみたい。

味わいコース3000円
お造りコース4000円
フルコース5000円
完全予約制

☎ **059-274-0703**
津市美杉町川上2705-26
営／11:30〜17:00　休／年末年始
席／20席　個室／あり　車／7台
カード・電子マネー／可

1／春夏のお造りコース。炭火の塩焼きをはじめ、甘露煮、から揚げなどアマゴづくし。
2／山菜やコンニャクなど渓谷の恵みを生かした料理は、ここならでは。
3／天然ものに劣らないアマゴの育成に取り組む坂元さん。地方発送できる甘露煮、燻製、あまごあぶり焼きなども家族で手作りする。

33 ㊞松阪 レストラン カルティベイト

食べた人の暮らしを耕すきっかけに
身土不二の思いから生まれる創作料理

レストランの語源が「修復」や「回復」を意味する言葉から来ていることを、この店で食事をするたび実感する。

緑豊かな地に建つ農機具庫を改装した空間。身土不二の考え方に共鳴し、地元の食材の底力を引き出す料理は、中華をベースにしながらもジャンルの枠を軽やかに超えていく。現代作家の器に盛られると、アート作品のようでもある。

「料理も器も空間も。お客様にあれっと思う瞬間を味わってほしいんです」

エンターテイナーなシェフ山本祐也さんは、いつも楽しませることを考えている。

週替わりランチ・麺ランチ1600円
シェフおすすめランチ2800円〜
ディナー3900円・5400円・7200円

☎ **0598-31-2088**
松阪市嬉野下之庄町1688-5
営／11:30〜14:00　カフェ14:00〜16:30
　　18:00〜22:00　休／火曜と第2・4水曜
席／30席　個室／なし　車／25台
カード・電子マネー／可

1／看板料理はヘルシーポークAIのロースト。現代作家キムホノさんの器に盛り付けられて。
2／農機具庫を改装した店舗。手前に特製冷凍豆乳坦々麺のスーベニアショップがオープンした。
3／アートを愛する山本さんらしく、2階ギャラリーでは興味深い展示が度々開かれる。

34 松阪 おまつ料理店

手打ちパスタと地産食材でもてなす
松坂城下のオステリア

松坂城跡の向かいに古民家を改装したイタリアンがオープンしたのは2016年。紀伊長島出身の松葉准尚さんが、大阪での修業後、奥さんの真紀さんと開いた。

食材の出自を聞くと、松葉さんの顔がほころぶ。「鹿と猪は飯高や飯南産。すごい猟師と出会えて。魚は紀伊長島か、信頼する松阪の魚商から。地元でイタリア野菜を育てる農家さんも見つかりました」

黒光りする古民家の一角には、バーカウンターも。前菜、スープ、手打ちパスタ、メイン料理と皿がテーブルに届くのを待つ間、ふさわしいドリンクを頼んでは。

昼のコース1500円〜
夜のコース2400円〜

☎ 0598-31-1252
松阪市殿町1562-13
営／11:00〜13:30　17:30〜21:30（共にL.O）
休／火曜と第1月曜
席／20席　個室／なし　車／3台
カード／不可　電子マネー／可

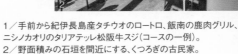

1／手前から紀伊長島産タチウオのロートロ、飯南の鹿肉グリル、ニシノカオリのタリアテッレ松阪牛スジ（コースの一例）。
2／野面積みの石垣を間近にする、くつろぎの古民家。
3／「おまつ」は松葉さんの修業時代の愛称。

35 松阪 サンセリテ

特産松阪牛、松阪豚、地場野菜…
生産者の思いものせた「松阪フレンチ」

　津の名店で腕を磨いた萬濃直哉シェフが、故郷松阪で開いたフランス料理店。同じ修業先でパティシエだった妻・美穂さんと二人で料理、デザート、サービスまで担う。コース料理のアミューズは、昼夜を問わず松阪豚のリエットが定番。カカオ風味のエクレアに甘やかな豚のコクが意表をつく一品だ。魚料理は萬濃さんの十八番。新鮮な地場野菜やハーブが付け合わせの粋を出て活躍する。スペシャリテは、特産松阪牛。伝統的な肥育法で熟成された希少肉を常時用意し、部位ごとに絶妙な焼き加減と印象的なソースで仕上げる。

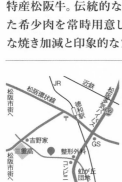

昼3000円〜
夜7500円〜　完全予約制

☎ 0598-30-8730
松阪市下村町字坊山1964-5
営／12:00〜13:00
　　18:30〜19:30(共にL.O)
休／水曜と第1火曜定休
席／12席　個室／なし　車／12台
カード・電子マネー／可

1／オマール海老のミキュイ エストラゴン風味のソース
（13000円コースより）。
2／アミューズの定番、松阪豚のリエット。
3／パティシエ兼マダムの美穂さんと萬濃シェフ。

36 (松阪) ラ プラネット

食にうるさい松阪人を満足させる
小さなフレンチレストラン

　ランチのメインディッシュの選択肢に、身が大きく肉質の濃いマグレ鴨を出す。野呂聡孝シェフもすごいが、昼間からそれを選ぶ松阪人も憎い。本日の鮮魚より、パールポークより、マグレ鴨が値打ちと見抜いているのだから。

　食にうるさい松阪でフレンチレストランを維持して10年。地元で長く愛される店をと、パスタ、オムライス、カレーなどカジュアルな料理にも持てる技術で応じる。リゾートホテルで3年、創作居酒屋で1年半、フレンチの名店で8年と渡り歩いた経験が活かされている。

マグレ鴨のロースト1300円、パールポーク1200円などにスープ・パンなどを追加料金でセット
コース料理2750円〜　予約優先　税込

☎ 0598-21-7899
松阪市駅部田町336-1
営／11:30〜14:00　18:00〜
休／不定　席／24席
個室／なし　車／10台
カード／不可　電子マネー／可

1／マグレ鴨は、フォアグラを採取するために肥育した鴨の胸肉。普通の鴨より身が大きくなり、肉質に甘さや香りが蓄えられる。
2／小じんまりとした店内。女性の常連客が多いという。
3／ソムリエでもある野呂さん。店名は料理に感じる宇宙感から。

37 (松阪) カフェドミンゴ

旅で出会った印象的なごはんを
地元食材とスパイスでアレンジ

　松阪市森林公園のそば、大きな木が目印の木の香ただようカフェ。建築家のご主人が設計した店で、異国で出会うようなメニューを出すのは宮下有希さん。トルコを一人旅した際、田舎町のサウナで運命の食と出会い、東京と名古屋の飲食店で経験を重ねた後、世界一周を経て開店した。さまざまな国の料理を地元食材で味わってほしいと、ランチは1種類。四季で内容がガラリと替わる。

　店名はスペイン語で日曜。「休日のようにくつろいでほしい」との思いからだが、店は日曜定休なのでおまちがいなく。

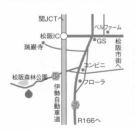

ランチ単品1000円前後
豆乳マサラチャイ450円

☎ 090-7608-5797
松阪市伊勢寺町2800-1
営／11:00～17:00
休／日・月・火曜
席／20席　個室／なし　車／10台
カード／不可　電子マネー／可

1／ネパール料理のダルバート。豆のスープ、カレー2種、野菜のおかず、スパイス卵、松阪わたか農園の無肥料無農薬玄米ごはんなど。
2／北海道生まれの宮下さん。移住者だから見える三重のいいものを発掘する。
3／建築家のご主人が設計した店は、薪ストーブやセレクトされた家具など全てが心地よい。

38 (松阪) Cafe ひなぎく

北欧の森をイメージしたカフェで
フィンランド料理と天然酵母パンを

　ドアを開けると、漂うシナモンの香り。コーヒーを注文すると、カリカリ…豆を手挽きし、琺瑯ポットで丁寧にハンドドリップしてくれる。静かで緩やかな空気感は、映画『かもめ食堂』の世界のよう。

　カフェのテーマは、北欧の森。フィンランドに魅せられた店主が、現地で家庭料理の講師をしていた女性から学んだパンや料理を提供する。パンは国産小麦と天然酵母を使い、生地を低温長時間発酵させてから毎朝焼き上げる。その味わいは現地を旅しているかのよう。まろやかなバター焙煎コーヒーで豊かなひとときを。

ランチセット1300円〜
シナモンロール200円
コーヒー450円〜

☎ なし
松阪市中央町613
営／11:00〜17:00　休／月・木曜
席／14席　個室／なし　車／4台
カード・電子マネー／不可
https://cafe-hinagiku.com

1／家庭的なフィンランド料理が食べられる。
2／コーヒーを淹れる店主。電話がないため、最新情報はHPで。
3／フィンランドの工芸品が飾られた店内。北欧雑貨の販売コーナーも。

39 （松阪）はなうた

築100年超の庭付き民家で
こころがよろこぶ雑穀菜食ごはんを

　旧参宮街道近く。わが子のアトピーをきっかけに雑穀菜食料理を学ぶようになった玉野敬子さんと、造形作家・伊藤江理子さんが共同で開く古民家食堂。「雑穀は国産。米は松阪産。野菜はできるだけ近くでつくられたものを。食べて元気になってもらいたいから」

　野菜は皮まで丸ごと使い、古来からの伝統調味料でコトコト煮る。素材それぞれの食感を噛み締めるたび、さまざまな香りや甘みがじんわり体に浸み込んでいくよう。慌ただしい日常をしばし忘れさせてくれる。店内で自然食品の販売も。

週替わりはなうたごはん1380円
はなうたごはん飲み物付き1560円
＋300円でおかず大盛り可　税込

☎ **0598-56-6581**
松阪市久米町1334
営／11:30〜13:30（L.O）
休／木曜と日曜（臨休あり）
席／30席　個室／なし　車／8台
カード・電子マネー／不可

1／動物性のもの、卵、乳製品、白砂糖を使用しないごはん。車麩のカツ、大根のあわ煮、高きびと牛蒡の炊き合わせ…手のかかった一つひとつがうれしい。
2／茶目っ気たっぷりのオーナー玉野さん。
3／畳の座敷と縁側のテーブル席、ソファでまったりできる土間席もある。

40 松阪 太陽さんさんごはん 風車 かじまや〜

太陽を浴びた自家野菜をベースに
身土不二を意識したちゃんぷるー弁当

小さな厨房で大鍋を振るすがたは、肝っ玉母ちゃんの頼もしさだ。前田明子さんは、自宅の一角でテイクアウト弁当と焼き菓子を手作りする。

石垣島での民宿手伝い、オーガニックレストランのシェフを経て独立。ゆえに、沖縄食の知恵と身土不二の思想がちゃんぷるー（混ぜこぜ）されている。

野菜は、母の自家菜園と産直品をチョイス。雑穀をお肉代わりに工夫するのはお手の物だ。ラフテーやタコライスには、松阪豚を使用。じーまみ豆腐は、本葛とオーガニックピーナツバターが、かじまや流。

1

2

3

週替わり弁当950円・ラフテー付き1200円
ベジ・タコライス弁当850円　すべて前日予約制
サーターアンダギー100円（木曜限定）

☎ 090-3252-1188
松阪市川井町617-13
営／水・木・金の11:30〜15:00
休／土・火曜
席／4席　個室／なし　車／3台
カード／不可　電子マネー／可

1／週替わり弁当ラフテー付き（右）とタコライス弁当。タコライスはベジとノンベジの2種。週替わり弁当には、じーまみ豆腐が別添えされる。
2／青い看板が出ている日はオープン。かざぐるまを目印に。
3／前田さん。沖縄で覚えた三線（さんしん）でライブに招かれることも。

（地図内）
松阪市街へ
市立図書館
松阪第三環状線
パワーセンター
松阪ICへ
タイヤ館
千代田家具
コンビニ
阪内川

41 松阪 かかの掌（て）

**神島直送の鮮魚が本土で唯一
味わえる日韓ミックス食堂**

　神島から届く旬魚が、松阪市内でこれ
だけ食べられるのはここしかない。韓流
美男の金山忠烈（ただより）さんと神島出
身の景子さん夫妻が、互いの家の"おふく
ろの味"でもてなしたいとオープン。景子
さんの実家（旅館）が競り落とした鮮魚
が、ほぼ毎日ここへ届けられるのだ。

　当然、造りは新鮮そのもの。煮付けは
甘口の田舎味。荒々しい潮流にもまれた
神島ダコのたこめしは、郷愁を誘う。

　チヂミは桑名のこめ油で。松阪豚は韓
国みそベースの自家製ソースで絡め焼き
に。どこにもない折衷が強みだ。

神島定食1200円、海老フライ定食1300円
松阪ぶた焼肉定食・サラダピビンパ1080円
チヂミ500円　税込

☎ 0598-21-3919
松阪市内五曲町15-1
営／11:00〜14:00　17:30〜20:30
休／月曜（臨休あり）
席／16席　個室／なし　車／8台
カード／可　電子マネー／不可

1／断トツ人気の神島定食。季節と海の状況により魚は異なる。
2／景子さんが力を入れている焼菓子（写真はNYチーズケーキ）。毎週土曜はマフィンの日。
3／お互いの家庭の味を再現する金山夫妻。たこめし弁当はじめテイクアウトにも力を入れている。

42 (松阪) うーやん亭

川音をBGMにしながら
工房食堂で豆腐づくしランチ

　阪内川の水音と、白猪山麓の緑を背負う豆腐料理の店。初代・坂井卯八さん（通称うーやん）の名を掲げ、『坂井豆腐店』2代目の谷口盛人さん好子さん夫妻が木曜と土曜だけランチを提供する。

　地元の清水と松阪産大豆フクユタカで製造した豆腐、あげ、ひりょうず、湯葉を、割烹板前だった盛人さんが、四季折々の料理に仕立てていく。豆いっぱいの前菜、ぬくぬくの汲み上げ、味噌でんがく、絹ごしの天ぷら。デザートにも豆乳が用いられて…。1階では作りたての豆腐や惣菜などが購入できる。

1／自家製豆腐やゆばがふんだんに。ゆばコース冬ごもり御膳の一例。かつて割烹の板前だった谷口さんの経歴を感じさせる。
2／谷口夫妻（前列右）とスタッフ。1階が豆腐工房と店、食事は2階でいただける。

とうふコース1200円
ゆばコース1600円
前日までに要予約　税込

☎ 0598-36-0553
松阪市阪内町219
営／木・土 11:30〜14:30(L.O)
　　豆腐店　月〜土9:00〜17:00
休／日曜　席／30席　個室／なし　車／20台
カード・電子マネー／可

43 ⟨松阪⟩ 君家 きみや

魚種豊富な三重はネタの宝庫
地魚の魅力を確かな技で引き出す

カウンターに座り、大将の山口和司さんとすし談義をするのは至福のひとときだ。「今日の地場もんはクエ、イシダイ、イセエビは紀伊長島、ノドグロ、クロムツは熊野、ウチワエビは南伊勢、クルマエビ、アジが鳥羽ってところ」。約50種あるネタの出自を把握している。主な仕入れ先は名古屋と紀伊長島。閉店後に名古屋のアパートへ。5時過ぎに市場へ入り、目利きした魚を仲買から受け取って松阪へ戻り開店の準備をする。

「回らないすしを若い人にも」とカウンターデビューを待っている。

ランチ1300円〜
盛り合わせ1400円〜
おまかせ握り時価

☎ 0598-51-7200
松阪市高町453-4
営／11:30〜15:00　16:30〜22:00
休／月曜
席／45席　個室／あり　車／25台
カード・電子マネー／可

1／地場産ネタの盛り合わせ。コリッとした食感を残すイシダイ、皮目を軽く炙ってトロけるノドグロ、ボイルの具合が絶妙なオニエビ、肉の旨味が溶けだす松阪牛…。三重に暮らす幸せが味わえる。
2／調度に趣向を凝らした離れ。店内の座敷ともに畳敷きの椅子席だ。
3／山口さん。シャリは伊賀産コシヒカリと「結びの神」の古米をブレンドしている。

44 （松阪）参代 きく水

伊勢湾、熊野灘の魚に松阪牛、伊賀牛も
両側に池を配した桧カウンターで

　門をくぐり、植え込みのアプローチを進むと、玄関に白い暖簾が揺れる。あるじ竹島正人さんは、津の名店で修業後、故郷伊賀ですし店を開業。その後、鰻店だった夫人の実家を継ぎ、屋号はそのままにすし一本に衣替えした。ゆえに3代を名乗る。

　ネタは津、松阪の伊勢湾ものと、紀伊長島から熊野灘の旬魚が中心。松阪牛、伊賀牛のどちらも揃えるのは珍しい。

　「市場で魚と目が合うと、値を考えずについ買ってしまいますね」

　床はすべて畳敷き。奥のカウンター席は県産桧の一枚板で、両側に池が。

1

鮨ランチ1500円〜
盛り合わせ2000円〜
鮨会席5000円〜（要予約）

☎ 0598-30-5005
松阪市曽原町639-8
営／11:30〜13:00(L.O)　17:00〜20:00(最終入店)
休／水曜と第2火曜
席／17席　個室／あり　車／6台
カード／可　電子マネー／不可

2

3

1／金目鯛、真鯛、車海老、サヨリ…三雲市場へ通っては魚を見定めてくる大将のおまかせ握り。伊賀牛は大将の故郷の誇り。伊賀米を独自ブレンドしたシャリは細身で、つまみやすい。
2／和風情緒あふれる隠れ家のような佇まい。
3／カウンター席は両サイドが全面ガラス張りとなっており、池を配した中庭が望める。

45 松阪 さんぽ

懐石料理人ならでは
自由な発想でそばを打つ

　吉田豊さんは、ホテルや割烹で働く懐石の料理人だったが、「大阪での修業中、そばってこんなにうまいもんなんだと知って」のめり込むうちに独学でそば打ちを習得。地元松阪で夫婦二人の小さなそば屋を開いたのは2008年のことだ。

　八ヶ岳産の丸抜きを毎朝石臼で挽き、気候によって最小限の小麦粉でつなぐ。そばは細打ちながら噛むとキュッと締まっていて弾力がここちよい。つゆはキレがあり、三重にしてはやや辛口。日本酒に合わせることを想定している。丼とのセットはお得でお腹もふくれる。

1／鯛丼とそばセット（1100円）。そばは、ざる、かけ、冷かけ（夏季限定）が選べる。特製ごまだれがかかった鯛は可能なかぎり天然物が。のびないよう先にそばを。
2／庭の眺めもある落ち着いた一軒家。
3／朝6時頃からそばを打つ吉田さん。

ざるそば750円
天ざるそば1300円　税込

☎ 0598-26-0199
松阪市大黒田町434
営／11:30〜14:30　17:00〜21:00（L.O各30分前）
　　そばが売り切れ次第終了・予約不可
休／火曜
席／16席　個室／なし　車／6台
カード・電子マネー／不可

46 松阪 紀乃國屋
（きのくにや）

野花を活け、器を吟味する
あるじが打つ渾身の十割そば

　野の花を飾り、器を吟味する。粉は戸隠から。坐した姿勢で体重をかけてそばを打つ。紀州出身の祖先が付けた屋号はそのままに、木下年朗さんが営むそば店が2021年春、移転オープン。

　十割そばの繊細な香りを味わうなら、冬でもざるを。卵黄がのる山かけは、滋養が足りない日のパワーチャージに。そば屋のつまみで日本酒を傾けたい向きには、そばみそ、にしん皿、だし巻きも。鴨あぶり焼きは冬季限定、肉をかえしに漬け込んでから網焼きしたこだわりの品だ。そばがきぜんざいなど甘味にも根強いファンがいる。

ざる・かけ　850・1050・1250円
天おろしそば1550〜1950円
そばがき800円　税込

☎ 0598-20-1748
松阪市下村町889-4
営／11:30〜14:30　17:30〜20:30
休／火曜
席／24席　個室／なし　車／約10台
カード・電子マネー／不可

1／そばはすべて十割。山かけの卵はうずらでなく、鶏卵の黄身がぽっこり。
2／兄弟子からレシピを教わったそば茶プリン。ぷるぷる食感で必ず頼むお客も。
3／物腰柔らかでおっとりした木下さん夫妻。

47 _{多気} 鄙茅^{（ひなかや）}

筍、鮎、原木椎茸…里山の四季を映す
宮川畔の茅葺きの懐石処

田んぼと茶畑に面し、清流宮川を望む茅葺きの建物は、日本昔話さながら。慶応年間創業、鮎の甘露煮で知られる「うおすけ」が、理想の敷地1万坪を探してオープンした懐石処は、ミシュランの星を獲得する前から美食家の隠れ家だった。

創業から厨房に立つ大西直哉料理長が、この地の四季折々の景を表現した懐石料理は月替わり。土ものを主体とした器に盛り込まれる八寸、向付、焼き物…日本に生まれた喜びを感じさせてくれる。

「夏には鮎の塩焼きをご用意することも」訪れた者は景色に癒され長居しがちだ。

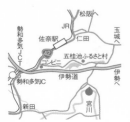

昼3800円～20000円
夜5000円～20000円

☎ 0598-39-8080
多気郡多気町相鹿瀬615
営／11:00～15:00（最終入店13:30）
　　17:00～21:00（最終入店19:00）
休／火曜夜と水曜、年末年始
席／50席　個室／あり　車／50台
カード・電子マネー／可

1／秋の八寸。銀杏や薩摩芋など季節を感じさせる手の込んだ品々が紅葉と競演する。
2／茅葺きの本館、瓦葺きの離れとも眺めは抜群。
3／大西料理長（中央）をはじめ、日本料理の粋を知る厨房の面々。

48 多気 まめや

地場の大豆でつくる豆腐、あげ…
懐かしい農村料理をバイキングで

　宮川と櫛田川の間にある勢和地区では、おいしいお米や野菜や豆がとれる。古来から貴重なたんぱく源である大豆を味噌や醤油に加工してきた農村文化の知恵と技を後世に伝えたいと開かれたのが、せいわの里『まめや』だ。

　地元産フクユタカで仕込む大豆料理は、風味豊かにして多彩。いり大豆、おからサラダ、白和え、ひりょうず、ぬた、かまど炊きごはん……女性スタッフが手作りする旬のおかず約30種が食べ放題となっている。おからドーナツや豆乳寒天など、おやつにもイソフラボンパワーたっぷり。

農村料理バイキング
1350円・小人650円　税込

☎ 0598-49-4300
多気郡多気町丹生5643
営／直売所9:00〜15:30
バイキング11:00〜14:00（平日）土日祝は14:30
休／木曜　農繁期
席／70席　個室／なし　車／30台
カード・電子マネー／不可

1・2／農家のお母さんたちが手作りする農村料理。14時以降はバイキングではなく、定食スタイルの食事を提供（500〜1000円）。
3／大豆畑そばの食堂。隣接する直売所では、お惣菜やおやつ、地野菜を販売。

49 多気 Cafe 1735

オムライスとナポリタンはマスト
少女まんが館にある知る人ぞ知るカフェ

丹生大師の山門から西にのびる通り沿い、少女漫画専門のライブラリー『少女まんが館TAKI 1735』には、地場食材モリモリの美味しいカフェが併設されている。小さな厨房から生み出されるのは、玉城豚カツサンド、彩りキーマカレー、丹生ナポリタンなど名前からしてそそるものばかり。群を抜いて人気は、1735オムライス。オムレツを作り続けて35年になる料理長が、地元の平飼い有精卵を2個使って絶妙なふわトロ加減（運ぶときに揺れるほど！）を実現。多気で焙煎した豆を使う珈琲、大内山牛乳のチャイで寛ぎたい。

松阪へ
松阪ICへ
勢和多気IC
伊勢へ
伊勢自動車道
丹生大師
おきん茶屋
ふれあいの館
コンビニ
R166へ
JA
浅沼自動車
大台へ

オムライスセット1250円
丹生ナポリタン1250円
玉城豚カツサンド1250円
単品あり　税込

☎ 0598-49-2315
多気郡多気町丹生1735
営／水〜土曜の11:00〜15:00
休／日・月・火曜　席／20席　個室／なし　車／10台
カード・電子マネー／可

1／セットメニューにはサラダか野菜スープ、プチデザートが付く。単品でもボリューム満点なのは「おいしいものをおなかいっぱい食べたら元気になる」という料理長の信念から。
2／少女まんがは、1・2階あわせて1万冊以上も。
3／しむらさくら代表。少女まんが館TAKIは、80年代以降の作品を主に収蔵している。

50 [多気] にこぱん

旬の食材から起こした自家製酵母と地粉、山水で仕込む元気が出るパン

　食べると元気がもりもり、生命力のスイッチが入る。それが植西美貴さんのつくる野生的なパンだ。野菜や果物、穀物など、その時季の恵みからおこした天然酵母。町内の農家が育てた小麦粉やふすま、濾過した山の湧き水、オーガニックな材料を厳選して用いている。

　ランチで人気のオープンサンドには、愛農高校（伊賀）の生徒作のベーコンやソーセージ、地場産無農薬野菜がたっぷり。「地球と子どもの未来を守るために」自然療法や腸活講座を企画するなど、子育て世代へ熱いまなざしを向けている。

オープンサンド1650円〜
ピッツア1800円〜　税込

☎ 0598-49-2548
多気郡多気町片野383-4
営／水・木・土12:00〜16:00（土曜は17:00）
　　パンがなくなってもカフェは営業
休／月・火・金・日曜（臨休あり）
席／20席＋テラス　個室／なし　車／15台
カード・電子マネー／不可

1／ブロードASAMA（地の無農薬スペルト小麦・ライ麦・ふすまのパン）のオープンサンドには、旬野菜のスープが付く。手前はポテ愛農ベーコンサンド。奥は美岳小屋きぼうのいちごサンド。
2／店内ではパンやドーナツのほか、安心安全な調味料や石鹸、おすすめ野菜なども販売。
3／食に関心が高い家庭で育ったことから自然食へ行き着いた美貴さん。自然療法にも明るい。

51 明和 ルンガルノ

イタリア中南部の伝統料理を尊重
遅咲きシェフの郊外食堂

　前菜の盛り合わせを頼めば、どれにも丁寧な仕事が施されているのが見てとれる。シェフ久保雅揮（まさき）さんが調理の道に進んだのは20代後半と遅め。よき師の下で基礎を覚えてのちイタリアへ飛んだ。ゆえに、トリッパの煮込み、ニョッキ、豆料理など、修業してきた中南部の郷土料理を尊重したものが多い。ワインはすべてビオ。金曜と土曜の夜だけお目見えするピッツァも絶品だ。メインの花形は、北海道の池田牛。十勝ワインの残滓を餌としている贅沢な赤牛だ。「素材には妥協したくない」という真面目な人柄が現れている。

パスタランチ1500円〜
ピッツァ1000円〜（金土限定）
コース5000円〜

☎ 0596-64-8705
多気郡明和町有爾中905-1
営／11:00〜14:30　18:00〜21:00
休／日曜　月〜木曜の夜は前日までに予約を
席／20席　個室／なし　車／10台
カード／不可　電子マネー／可

1／手前から前菜盛り合わせ、池田牛グリル、タコの赤ワインソースパスタ。ワインは信頼を置くインポーターと選ぶビオのみ。
2／のどかな風景を切り取る窓のそばに席が。
3／久保シェフとマダムの直子さん。夫婦で渡伊し、理想の店の夢を共有してきた。

名産米と有機野菜を

伊賀

52 伊賀 リス イタリア料理店

伊賀食材に惚れ込んだシェフが
手掛ける町家イタリアン

京都のイタリア料理店に勤めていた野田大介さんが、下町情緒たっぷりの上野城下にレストランを構えたのは2015年の秋。「妻の実家（農家）から送られてくる伊賀の米や野菜があまりにも美味しくて」空き家が出たタイミングで一家で移住。町家をリノベーションさせた。

伊賀焼の器で供されるイタリアンは、地物づくし。伊賀産の牛や豚肉に、契約農家から届く地野菜が彩りよくたっぷり。地元の人に「再発見」の喜びを与える。パスタは手打ちも。隣町・名張やイタリアのワインとのペアリングもぜひ試されたし。

ランチ2500円
ディナー4800円〜
予約制

☎ 0595-51-6573
伊賀市上野愛宕町1890
営／11:30〜15:00　18:00〜22:00
休／日曜（臨休あり）
席／10席　個室／なし　車／4台
カード・電子マネー／不可

1／伊賀食材がふんだんに。店名のリスはイタリア語のriscoperta（再発見）から。
2／和室にテーブルと椅子を置いてカジュアルに。
3／野田さん一家。マダムの実家が農家という縁もあり、伊賀での独立が叶った。

53 名張 古民家cafeこのは

**伊賀米ごはんと地場野菜のおかずで
大阪から移住した夫婦がもてなす**

　赤目の山々を見渡す高台に立つ古民家カフェ。大阪で弁当店を営んでいた内本良さん、紅里子さん夫妻が、築70年余の建物を大半セルフリノベーションして長年の夢を実現させた。立派な梁を眺めながらいただけるランチは、名張産の伊賀米コシヒカリと、産直で仕入れる地野菜たっぷりのおかず。家庭料理のようにホッとする品々には真似したくなるひと手間が加えられている。男性も来て欲しいとボリュームは多め。オムライスやカレーなど親しみやすい料理にも、伊賀地域の魅力が伝わる食材が用いられている。

このはランチ950円
鮭ときのこのバター醤油丼980円
パンケーキ530円

☎ 0595-41-2322
名張市井手344
営／11:00〜17:00(L.O)18:00〜21:00(予約制)
休／日曜(土・祝はイベント出店での臨休あり)
席／24席　個室／なし　車／20台
カード・電子マネー／可

1／ある日のランチ。鶏の唐揚げ香味ソース、豆乳ポトフ、明石焼き風だし巻き、白菜とキャベツのコールスローサラダ、うすあげと豆苗の味噌汁。関西色がちりばめられている。
2／古民家カフェ巡りが共通の趣味である内本さん夫妻。
3／立派な民家は、高台ゆえに眺めも良い。

54 名張 つぐみカフェ

植物に彩られたブックカフェで
自家農園から届く完熟野菜ランチを

　店内外とも緑に覆われ、まるでオアシスのようなカフェ。オーナー内山克則さんは農家のせがれで、大学卒業後、家業を手伝ったのち書店を自営していたが、やがてスタッフと農業用倉庫を改装し、本や雑貨も並べるカフェをはじめた。県内のブックカフェのはしりだ。

　伊賀米ごはんがおいしいランチは、地野菜メインのおかずがあれこれ。粘土質の土壌で、オーナー自ら育てる減農薬野菜は味わい深く、元気が湧いてくる。秋は自慢のさつまいもで作るケーキも人気。書棚の本でゆるりと読書タイムを。

つぐみの朝ごはん500円
つぐみの昼ごはん930円
五穀米カレー820円
ナシゴレン900円　税込

☎ 0595-65-8282
名張市下小波田898
営／9:00〜18:00　休／水曜（祝日は営業）
席／80席　個室／なし　車／17台
カード／不可　電子マネー／可

1／ある日の昼ごはん。鶏肉のチリソース、さつまいもとベーコンのキッシュ、大根とカニカマのサラダ、七穀米ごはん、味噌汁、牛乳寒天。
2／農業用倉庫を改装した店内。木の床で落ち着ける。
3／2階席もあるため、天井が高くゆったりしている。

55 名張 カフェミューク

初めて訪れても懐かしい
初瀬街道沿いの古民家カフェ

「窓越しに見える旧街道の景色が、忙しない日々の心を落ち着かせてくれます」

水路が走り、古い蔵や独特の町家が連なる初瀬街道沿い。生まれ育った旧町で、百地由紀さん、山田薫さんが共同経営するカフェは、時を経るほど趣が深まる。

木の床にソファやタイプの違う椅子が配置された店内は、まるで日だまりのよう。地元野菜でつくるヘルシーおかずの週替わりランチは、こまごました品々に二人の心遣いを感じられる。午後は、フレンチプレス式コーヒーと風味豊かなチーズケーキでまったりと。

週替わりランチ900円
コーヒー420円
チーズケーキ450円　税込

☎ 0595-48-6669
名張市上八町1648
営／10:00〜18:00
休／水曜と第3木曜
席／23席　個室／なし　車／5台
カード・電子マネー／不可

1／店名の「mjuk」は、スウェーデン語で「心地良い、あたたかい」という意味。
2／共同経営する百地さん(右)山田さん(左)。
3／ある日のランチ。ミートボール・ピザソース、小松菜とれんこんのサラダ、野菜揚げと玉葱のとろみ煮、さつまいもの味噌焼き、雑穀米、味噌汁、マスカットティゼリー。

56 名張 カフェハレノヒ

古道具を配した懐かしい空間で
がんばり過ぎない野菜ごはんを

　菜食やマクロビオティックには難しそうなイメージがあるが、『ハレノヒ』のお野菜ごはんは、ヴィーガンでない人向けの選択肢もあるのがうれしい。

　契約農家の無農薬野菜をメインに、野菜を引き立てるアラメや揚げ、天然調味料など、ベースは「和」に置きながら、ごはんが酵素玄米か白米か選べたり、ハンバーグなどは大豆たんぱくとお肉が選べたり。店主・中東美帆子さんの押しつけないやさしさが、間口を広げている。ゆるやかな音楽が流れる木の店内には古道具が配され、どこか懐かしい雰囲気。

ランチ1100円
ドリンクセット1300円
ドリンク&デザートセット1500円

☎ 0595-66-1223
名張市東田原2737-10
営／11:30～18:00
休／インスタ(harenohi.straw.m_)で確認を
席／12席　個室／あり　車／3台
カード・電子マネー／不可

1／ある日のランチ。大根の竜田揚げ&車麩の唐揚げ(豆乳タルタル)、春菊と人参葉のジェノベーゼパスタ、蓮根と厚揚げのスパイスグリル焼き、大豆ミートのポトフなど。
2／種類豊富なスコーンは、テイクアウトする人も多い。
3／木造のかわいい店を切り盛りする中東さん。

57 名張 BeHappy! ちきゅう食

ビーガンカレー店と農業と
生まれ育った山里を盛り上げたい

　移動販売車で各地を巡り、ビーガンカレーを販売してきたオーナー夫妻。子供の誕生を機に、ご主人の地元で実店舗をオープン。ふるさとを盛り上げたいと、カレー店を営むかたわら、米や野菜を無農薬栽培する。

　「南インドへスパイスを仕入れに行ったとき、同じ作り手として栽培方法や環境が気になり、畑を訪ねました」

　インドのタリープレートを独自にアレンジした「yogaランチプレートヘブン」は、複雑な香りのオーケストラ。野菜と豆とスパイスでこれほど多彩に満足できるとは！

Yogaランチプレートヘブン1380円
焼カレー950円
豆乳マサラチャイ450円

☎ 080-3068-6029
名張市滝之原4171
営／10:00〜15:00
休／日・月・火曜
席／20席　個室／なし　車／5台
カード・電子マネー／可

1／yogaランチプレートヘブンの1例。冬瓜と大豆ミートのマサラ、レッドギドニーとレンズ豆のダルスープ、おからこんにゃくの塩こうじザブジ、赤大根のマスタードシードあえ、牛蒡の黒ごまフライなど。
2／オーナー夫妻の共通の趣味は世界を旅すること。
3／DIYで改装した店舗は、元自宅の車庫。冬は薪ストーブでぽかぽかだ。

58 名張 そば.けいた

吟味した抜き実を自家製粉
香りが鮮烈な十割そば

　夫婦二人であたたかくもてなす店は、青蓮寺湖の近く。わかりにくい場所ながら多くの客を惹き付けるのは、松久慶太さんが打つそばが常に進化し続けているから。北海道、福井、岡山…時季によって最良と感じた産地の実を、電動石臼で甘皮ごと自家製粉。細打ちの十割そばは、しなやかでありながらコシが強い。本枯節でとったつゆをまとわせると、そばの風雅さと絶妙に調和する。

　冬季限定の鴨汁や、あたたかいにしんそばが恋しい季節には、店内にある薪ストーブの炎にも癒される。

ざる900円
天そば1600円
そばがき700円　税込

☎ 0595-61-1371
名張市青蓮寺1258-9
営／11:30〜14:30
休／水曜（臨休あり）
席／10席　個室／なし　車／4台
カード・電子マネー／不可

1／伊賀の名店でそばに開眼した松久さん。常に研鑽をつづける。
2／木々に囲まれる木造の一軒家。木の柱、土壁、薪ストーブと癒される空間。
3／挽きぐるみならではの香りが鮮烈な十割そば。3種類あるそばがきは、どれか必ず頼みたい。

59 伊賀 我流菴かかかび

そば店を開くため京都から伊賀へ
古民家で味わう多彩な麺

　喧騒から遠く離れた山間の古民家。定年後に我流で始めたそば屋と聞いて、侮るなかれ。妙加谷（みょうがや）一弘さんの打つ夏そばは、そうめんと見紛うほど極細ながら、香りも甘みもしっかり。

　「北海道産のぼたん（品種）はガシっとした香りや甘み、大分はコシのある食感、それを取り持つ栃木とそれぞれに役割があるんです」いろいろな産地の粉を妙加谷流にブレンドする。太さ、香り、味、コシ、つながりにこだわり、水分量は通常より少なめに。麺棒が音を立てるほど力強くのしていく。夏は冷かけ、冬は鴨そばを。

鴨つけ1450円
にしんそば1350円
ぜんざい400円　税込

☎ 0595-51-4307
伊賀市甲野1629
営／11:30〜14:30
休／月〜木曜と最終日曜（2021年5月より）
席／19席　個室／なし　車／7台
カード・電子マネー／不可

1／十割、吟醸、二八、温そばといろいろなそばが楽しめる4種盛（2000円）。
2／妙加谷さんと奥様。「かかかび」は地蔵菩薩の真言の一部という。
3／京都から移住し、古民家をそば屋に。和室から眺める庭の景色もごちそう。

60 伊賀 空木 うつぎ

せせらぎに沿う山里の古民家で
手打ちを味わうひととき

奈良県境に近い諸木は、戸数20余りの山里集落。そのうちの一軒、昭和初期に建てられた民家をそば処にしたのが『空木』。山歩きが趣味だった店主・松村昇さんが慕う信州の山の名だ。

古い家具や建具に囲まれていただくそばは、素朴さと懐かしさを舌に伝える。不動の人気は、ボリュームのある天丼セット。冬季は、店主こだわりのスパイスカレーをかけたうどんもよく出る（自家製麺）。青山峠から、伊賀コリドールロードから、山道を越えてくるライダーも多く、一家が温かく迎える。

1

天丼セット1200円・1500円
ざる950円・1450円
天ざる1700円・1950円　税込

☎ **0595-54-1070**
伊賀市諸木607
営／11:00〜14:30(L.O)
休／不定休
席／16席　個室／なし　車／7台
カード・電子マネー／不可

2

3

1／いちばん人気の天丼セット。そばは喉越しよろしい二八。
2／古民家を活かした店内には古道具や書籍がいっぱい。座敷ながら椅子席となっている。
3／松村さん一家。息子の康資さん(左)は調理師免許を取得、父から習ったそば打ちに励む。

61 伊賀 うどん屋池澤湯

銭湯あるじが飲食業で地域活性
伊賀らしさ満載のおもてなし食堂

忍者のだまし絵、服部氏の子孫宅からもらってきた扉のどんでん返し…。伊賀といえば"忍者"を体現するこちらは、昭和26年創業の銭湯「池澤湯」のあるじ・池澤良武さんが営む大衆うどん店。

忍者をイメージしたきりがくれうどん、地元産の牛乳うどん、米は伊賀産コシヒカリを使用…と郷土愛満載のラインナップだが、「新しい味でお客様にわくわくを」と開発にも意欲をみせる。その熱意から生まれた伊賀肉あぶり丼は、すき焼きの肉を少し炙って三温糖と醤油をかけたときのハイテンションを丼に。納得の味だ。

伊賀肉あぶり丼1300円
きりがくれうどん850円
伊賀産牛乳うどん700円

☎ 0595-23-2351
伊賀市上野小玉町3045-1
営／11:00〜14:00　18:00〜20:00
休／水曜と日曜夜
席／15席　個室／なし　車／1台
カード／不可　電子マネー／可

1／伊賀肉あぶり丼は、アイデア豊富なあるじらしい新作。
2／城下町の風情ある通りの角地にある。
3／伊賀産牛乳うどん。2代目允彦さんが丁寧にとった鰹だしとミルクの相性が抜群。

スローな生産者

葡萄の個性を尊重する
名張唯一のワイナリー

　東向きの斜面いっぱいにブドウ畑が広がっている。気温30度を超す8月の炎天下、中子具紀さんは足元に繁る雑草など気にもせず畑を突き進んでいく。
「こちらは赤ワイン用で、向こうは白ワイン用と分けて栽培しています。ここの畑は山に囲まれてるので毎日が動物との戦い。空からはカラスも来るんで侵入防止ネットは必須です」

　中子さんは名張市の生まれ。2010年に渡仏し、自然派ワインの醸造家のもとで学んだのち帰国。生食用のブドウ栽培が盛んな地元に土地を借り、妻の野乃花さんと二人でワインを造るためのブドウを自然に寄り添いながら育てている。

　ワイナリーは、廃校となってしまった国津小学校校舎の一角。夫妻が栽培するブドウだけでなく、全国各地の生産者から託されたブドウを醸造したり、酒屋の主人が通ってオリジナルワインを造る手伝いもする。中子さんは、ここを地域活性化の拠点ととらえ、場所も醸造情報も公開し、各地からワイン造りに興味のある人が集まりたくなるような仕組みを考えている。

「この醸造所のテーマは〝農家が造るワイン〟。ワイン造りは、冬から早春に行うブドウの剪定から始まっています。激しい雨や天候の変化に気をつけながら春を過ごし、夏は汗をかきながらワインになることをめざし、ブドウたちと酷暑を乗り越えます。やがて収穫を迎える頃には、ブドウ自らがどういうワインになりたいか、意思を固めてるんです」

　秋口、樹上で完熟したブドウを摘みとり、足踏み式の単純な機械で果汁をしぼる。糖を加えたり、発酵をコントロールしたりはしない。大地のミネラルが生きた、まさにオー・ド・ヴィー（命の水）だ。今やワインの本場フランスでも、有機農法や自然農法でブドウを育て、ワイン造りまで一貫して行う醸造家の割合は3％に満たないという。ブドウと共生する野生酵母に協力を仰ぐ中子さんのような醸造家がもっと増えるといい。

國津果實酒醸造所
名張市神屋1866
https://www.kunitsu-wine.com

NAGI-83号　撮影／松原 豊

焼かき

かきうま煮

生かき

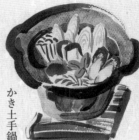

かき土手鍋

かき飯

かき伝宝焼

産地ならではのフルコース

名代的矢

かき

料理

かき南蛮漬

かきフライ

かきスープ

かき土瓶蒸し

豊饒の海幸を和洋コースで

伊勢志摩

62 伊勢 柚（ゆず）クッチーナ ナチュラーレ

勢田川岸の蔵を改装した空間で
素材をいかした手打ちパスタを

江戸時代に問屋街として繁栄した河崎の蔵をリノベーションしたイタリアン。ステンドグラスのはまる引き戸を開けると、重厚な梁や柱が見事な空間へ誘われる。

自然派の台所（クッチーナ　ナチュラーレ）を謳うとおり、料理は素材ありき。奥井覚シェフの実家農園の新鮮野菜をはじめ、南伊勢町の魚介類、松阪牛、県産豚などがメニューをにぎわせる。

看板料理は手打ちパスタ。幅・厚さ・形状の異なる卵色のパスタを、伊勢海老や松阪牛を使った贅沢なソースと絡ませると、美食の地に来た幸せを実感する。

1

2

3

1／伊勢海老のタリオリーニ（要予約）。やさしい味のソースが女性好みだ。
2／明治8年に建てられた酒問屋の蔵をリノベーション。
3／奥井シェフとマダムの幸子さん。

ランチ2000円〜
コース3600円・5000円・8000円
ディナーのコース料理のみ要予約

☎ 0596-72-8388
伊勢市河崎2-6-6
営／11:30〜13:30　18:00〜21:00（共にL.O）
休／水曜
席／16席　個室／なし　車／7台
カード／可　電子マネー／不可

63 （伊勢）ル・バンボッシュ

宮川沿いの庭を眺めながら
繊細なソースで魅せるフレンチコース

福井隆一シェフがフレンチレストランひしめく伊勢で開業したのは29歳のとき。宮川のほとりに小さな城を構えるや、舌の肥えた人々を忽ち魅了した。

ロワール、パリ、バスクのレストランで3年、東京でも修業してきた技が、伊勢志摩の豊饒な食材と出会い、日に日に才能が勢いを増している。鮮魚料理のベストな火入れや、魚介のフォンを生かしたソースとの取り合わせには目を見張るものが。ぜひ食されたい。マダムのあたたかいもてなしは、フレンチが初めての人にも敷居の高さを感じさせないだろう。

1／アワビのグリル（コース料理より）。
2／清流宮川のほとりというロケーション抜群の店内。
3／実家が和旅館ゆえ、和食の基礎もおさえている福井シェフ。ソムリエとしてワイン収集にも励んでいる。

デジュネ2200円〜
ディナー3900円〜

☎ 0596-26-1040
伊勢市辻久留2-10-3
営／11:30〜13:30　17:30〜19:30（共にL.O）
休／水曜（月1回連休あり）
席／20席　個室／なし　車／10台
カード・電子マネー／可

64 伊勢 ボンヴィヴァン

大正ロマンただよう洋館で
三重づくしの王道フレンチを

「人生を愉しむ人」という名のフランス料理店が伊勢に誕生したのは1983年。珍しい食材への好奇心は抱きつつ、河瀬毅シェフは日々、三重の生産者に感謝の意を表した滋味深い一皿を生み出している。

伊勢志摩から届く一本釣りの魚に、伊勢湾河口でとれるヨシエビ。松阪牛のイチボ肉、志摩の黒鮑、農家が届けるトマト、メロン、いちご……シェフの手にかかると、あらゆる素材は宝石の輝きに。

テーブルを飯高の木に変え、四日市萬古焼や伊勢春慶の漆器を効果的に用いるなど〝オール三重〟でゲストを待つ。

昼・夜ともコース5500円〜
要予約

☎ 0596-26-3131
伊勢市本町20-24
営／12:00〜15:00（13:30 L.O）
17:30〜21:00（19:00 L.O）
休／月曜（祝日は営業）とその前日の夜、第3火曜
席／16席　個室／あり　車／10台
カード／可　電子マネー／不可

1／松阪牛タワラ肉の赤ワイン煮込み・近郊農家の野菜とガスパチョ添え（コース料理より）。
2／大正時代に建てられた洋館をレストランに。一枚板のテーブルに温もりを感じる。
3／河瀬シェフとマダム恵子さんの心遣いが何よりのごちそう。スタッフも笑顔を絶やさない。

65 (伊勢) カンパーニュ

故郷熊野と伊勢志摩の食材で
ここでしか味わえない魂の料理を

「火を通して新鮮、形を変えて自然」とは東健夫シェフが最初に修業した志摩観光ホテルの故高橋忠之料理長から受け継いだ理念だ。フランス、大阪、神戸でも修業を重ね、伊勢で独立開業したシェフ。故郷熊野と伊勢志摩、この地の恵みを駆使し、自分にしか生み出せない〝魂の一皿〟を追求している。

魚商から電話が入ると、自ら高速道路で尾鷲へ。魚料理は、その日の海まかせ。美熊野牛、紀州岩清水豚、熊野地鶏、松阪牛…メイン食材はもちろん、名脇役にも土地の魂が宿っている。

外宮へ／伊勢市街へ／伊勢市街へ／古市参宮街道資料館／伊勢自動車道／古市街道／伊勢西IC／歯科／御木本道路／コンビニ／内宮へ

ランチ4000円～
ディナー4500円～
完全予約制

☎ 0596-29-2000
伊勢市勢田町115-3
営／12:00～15:00(13:30 L.O) 17:30～22:00(19:30 L.O)
休／火曜(祝日は営業)
席／32席　個室／あり　車／20台
カード／可　電子マネー／不可

1／尾鷲の海の幸サラダ伊勢ひじきソース(コース料理より)。さまざまな魚種の持ち味が生きる。
2／東シェフ。伊勢を第二の故郷と語る。
3／地元画家の作品が壁を飾る。

66 伊勢 グリル片山

父から受け継いだ味に加わる
新しきフレンチの景色

伊勢海老、アワビ、松阪牛の三枚看板は、創業した父の代から変わらない。ソースやスープの味も。されど片山朗シェフは環境の変化にともない、アワビの仕入れには直接出向くように。父の舌に頼っていたソースもレシピ化を果たしたことで、客の9割がオーダーする伊勢海老スープの味を安定させた。

海の景色を想起させる「伊勢海老とアワビとウニのムースリーヌ・ソース」は、朗さんによる新作。スプーンですくうたび、まろやかなソースと魚介が絡み合い、この上ない口福に笑みがこぼれる。

1／伊勢海老とアワビとウニのムースリーヌ・ソース（コース料理の一部より）。底には別のソースがあり、ビーツのピンク、小松菜の緑、里芋の白と旬によって移ろっていく。
2／シックで落ち着ける店内。ソムリエのマダムが選ぶワインも豊富だ。
3／片山シェフ。大学卒業後、リゾートホテルで経験を積んでから後を継いだ。

ランチ4500円〜
ディナー7200円〜

☎ 0596-25-1726
伊勢市岩渕2-4-37
営／11:30〜14:00　17:00〜20:00（共にL.O）
休／火曜（祝日は営業）月1回連休あり
席／30席　個室／あり　車／8台
カード・電子マネー／可

67 伊勢 ミルポワ

お米、お茶、魚、肉……
生産者と消費者をつなぐ創作フレンチ

　岡田新太朗シェフの料理は、どれを頼んでもホッとする。創作割烹からフランス料理店へ移った経歴がそうさせるのか、素材を選りわけ、主張の強すぎない味付けで、日本人の舌に滑らかになじむ。

　「海には漁師、山にはハンター、里には有機農家がいる伊勢で、地産地消を実践するのは、都会ほど難しくありません」

　店内の黒板に目を向けると、その日の食材の産地や生産者名が明示されている。パエリアの牡蠣は桃取や浦村から。有機野菜は伊勢や多気。米は宇野さん、紅茶は中村さん。食べ手の意識を改革する。

お昼のセット1600円
ランチセット2100円
昼夜ともコース3300円〜

☎ 0596-63-8996
伊勢市岩渕1-1-4
営／11:00〜14:00　18:00〜21:00（共にL.O）
休／火曜（月1回連休あり）
席／20席　個室／あり　車／なし
カード／可　電子マネー／不可

1／人気がある前菜の盛り合わせ（1280円）。テリーヌやキッシュなどビストロらしい取り合わせのなかに旬魚のカルパッチョも。海と山の幸がバランスよし。
2／米農家の宇野充浩さんと。岡田シェフ（左）は食育や嚥下食にも熱心に取り組む。
3／カウンターは一人客でも利用しやすい。ミルポワとは香味野菜の意。

68 伊勢 伊勢三玄（さんげん）

料理、器、設え
三位一体で日本料理の神髄を伝える

三玄とは言葉や五感から得た真理のこと。相可高校食物調理科から自らの挑戦によって京都吉兆の門をくぐった松原京介さんは、9年間の修業を経て帰郷。多気町の𨫤茅で5年料理長を務めた後、宮川畔の集落にかぐわしい自店を築いた。

予約制で供されるのは旬の地場食材を主としたコースのみ。茶の湯も学んだ腕前は、先付、吸物、向付……と素材の良さを生かし切り、かまどで炊いた飯、菓子で締められる。花も自ら活け、収集した器は骨董から現代作家まで。予約困難なのは無理からぬことだ。

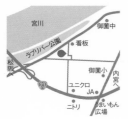

昼6000円〜
夜10000円〜
完全予約制

☎ 0596-24-7300
伊勢市御薗町長屋1362
営／12:00〜15:00　17:30〜22:00
休／日曜
席／14席　個室／あり　車／8台
カード／可　電子マネー／不可

1／季節の八寸盛り込み（1月の趣向・2人前）。
2／古事記から着想された建物。緩勾配の屋根に有機的な曲面を持つ土壁塗りの平屋。
3／修業先で華道と茶道も学んだ松原さん。懐石料理店でもてなしを学んだ奥様が女将。

69 伊勢 千代幸 ちよこう

おかげさまの心を忘れず
うなぎの命を無駄なく調理する

　主要道路から見えない住宅地の一角にありながら、噂を聞きつけた鰻好きと常連客でいつも賑わっている。店主・泉幸一朗さんは、大阪吉兆の出身。鍛えられた目と技量で九州産の鰻を調理する。

　名物は「うなとろ膳」。ひつまぶしに多気町特産の伊勢芋とろろが添えられ、滋養たっぷり。炭火で表面をカリッとさせた白焼には塩、山葵、特製ちり酢と3種の薬味が添えられる。「料理人はできる限りすべてを調理することが功徳につながる」との思いから、肝、半助（頭）、上下、骨まで、1匹を無駄なくメニューにのせる。

白焼重1750円〜
まんみょうが1750円〜
伊勢芋うなとろ膳2200円〜

☎ 0596-26-3181
伊勢市小俣町本町926
営／11:00〜14:00　16:00〜20:00（共にL.O）
休／月曜（祝日は営業）
席／30席　個室／あり　車／約15台
カード・電子マネー／可

1／関西風の白焼は、皮目がパリッ、中はふっくら。
2／伊勢芋と鰻で栄養倍加のうなとろ膳。
3／紀州備長炭でうなぎを焼く泉さん。

70 伊勢 たなか

南伊勢コーチン卵のカステラで〆 旬の地場食材の創作和食

　宇治山田駅裏のテナントから個室をしつらえた一戸建ての店舗へ。店は新しくなっても、10代から包丁を握る田中久紀さんの料理はあいかわらず、素材を生かした優しい味付けのものばかり。

　小鉢、造り、蒸し物、揚げ物、季節の蒸しご飯…ランチは頃合を見計って、一品ずつ運ばれてくる。造りは脂がのり、揚げ物には四季の彩りも。あるじの出身地である南伊勢町の魚介や自家野菜をはじめ、伊勢近郊の食材がふんだんに用いられている。母手製のデザート・南伊勢コーチン卵のカステラはおみやげにも。

ランチ2000円
エビフライ・天ぷらご膳 (夜) 各2200円
お造りご膳2500円 (夜)　税込

☎ 0596-21-0135
伊勢市曽祢1-14-9
営／11:30〜13:30　17:00〜21:00
休／月曜　席／32席　個室／あり　車／12台
カード・電子マネー／不可

1／ある日のランチ。小鉢は自家製胡麻豆腐、造りは伊勢湾のワラサ。炊き合わせや揚げ物には魚と野菜がバランスよく配される。ごはんは答志島のじゃこ飯。コーチンカステラと山村牛乳のプリン。
2／調理師見習いをしながら高校へ通い、市内の割烹で腕を磨いた田中さん。
3／個室が3室あり、親しい友との会食にうってつけ。予約でコース料理も対応可。

71 伊勢 割烹 大喜

はじまりは終戦直後の屋台から
老舗割烹に新風を吹き込む3代目

創業は昭和20年。終戦直後の秋、宇治山田駅前に屋台を出した祖父の慧眼により、やがて宮内庁・神宮司庁御用達の割烹にまで成長した。3代目・坂田喜則さんは言う。「うちの特徴は幅広さ」

伊勢海老や鮑、魚介の活造りなど祝事や法事の利用も多いが、実は手頃な価格の弁当や握り寿司のニーズが高く、定食や丼物も人気。天然真鯛が入った日のみメニューに載るのは、かぶと煮。各部位は、乙な酒肴に仕立てる。名物料理の鯛茶漬けは、身に胡麻だれを絡めてから出汁をかけるため、湯気まで芳しい。

弁当・寿司1000円～
季節弁当3500円、会席料理4000円～

☎ 0596-28-0281
伊勢市岩渕2-1-48
営／11:00～20:30(L.O)
休／不定休
席／100席　個室／あり　車／40台
カード・電子マネー／可

1／天然真鯛のかぶと煮、酒肴3種、鯛茶漬け。
2／第62回神宮式年遷宮を機にリニューアル。掘りごたつ式の個室や、椅子・テーブルの大広間も。
3／創業者の祖父から「よしのり」の名をいただく坂田さん。

伊勢市駅へ

観光文化会館

近鉄宇治山田駅

勢田川

眼科

外宮

銀行　銀行

内宮へ

72 伊勢 横丁いかだ荘

的矢の老舗がおかげ横丁へ
一年中生食できる牡蠣と伊勢志摩前すし

　創業60余年、的矢かき料理で知られる志摩の宿『いかだ荘山上』が、おかげ横丁に支店をオープン。かきと握り寿司を二大看板にしており、独自に開発した伊勢志摩プレミアムオイスターが一年中生で食べられる。

　まずは、マガキとプレミアムオイスターが2個ずつセットになった生かきの食べ比べから。ポン酢に浸け、刻んだガリを載せると、生っぽさが消え、それぞれの風味が際立つ。ネタケースには旬の地魚がずらり。ほとんどが鳥羽か志摩産だ。一品料理と地酒、ワインとのマリアージュも楽しめる。

握り寿司盛合せ2200円〜
波切節鯛茶漬け2200円
的矢かきづくし6600円

☎ 0596-23-8829
伊勢市宇治中之切町47
営／11:00〜21:00
休／無休
席／45席　個室／あり　車／なし
カード／可　電子マネー／不可

1／生かき2種の食べ比べセット（1540円）。右が伊勢志摩プレミアムオイスターで、左がマガキ。夏はプレミアムと岩ガキ（1個）になる（1870円）。
2／漆喰壁に虫籠窓が横丁らしい店舗。
3／潮見料理長、井坂社長、寿司担当の下村さん（右から）。

73 伊勢 おくやま

季節の釜飯は待つ甲斐あり
古市街道のスタイリッシュな和食処

外宮と内宮を結ぶ古市街道沿いにあるスタイリッシュな日本料理店。魚は伊勢志摩の天然物、肉は松阪牛、野菜は露地栽培の地物を中心に、店主の奥山直樹さんが素材の持ち味を生かしながら、調和のとれたひと品に仕上げていく。

昼は女性客で賑やかだが、夜は豊富に揃える地酒と合わせながらゆるりと料理を愉しみたい。季節の釜飯は、米から炊き上げるため時間を要するが、食べれば期待を裏切らない美味しさ。名物の蟹クリームコロッケや、手のかかった蓮根饅頭など、コースで堪能したい。

1

2

季節のおまかせランチ2000円（平日）
季節限定釜飯ランチ3500円
おまかせコース4000円〜

☎ 0596-22-1515
伊勢市桜木町139
営／12:00〜14:00　18:00〜21:00（共にL.O）
休／月曜（祝日は営業）
席／25席　個室／あり　車／10台
カード・電子マネー／可

3

1／釜飯付きコース料理の一例。冬は牡蠣、夏はとうもろこしと四季を感じられる。ランチの白飯を追加料金で釜飯にも。
2／テーブル席が個室として間仕切りできるようリニューアル。
3／大阪、東京、横浜で修業してきた奥山さん。器と合わせるセンスもいい。

74 伊勢 才屋

築100年超の日本家屋をリノベーション
内宮前にある大人のそばどころ

のれんをくぐった瞬間、凛とした空気に包まれる。かつては内宮前の宿であった日本家屋を、小野浩さんが趣あるそば店にして10数年。鏡面のごとく磨き上げられた厨房は、「ごまかしがきかない」そばに対するあるじの敬意の表れだ。

その時季に最も良い国産の粉を入手し、朝から少量ずつ手打ちする。細めのそばは、啜るとほのかな甘さが。つゆは江戸前。枕崎産鰹節で引いただしと返しの調和がすばらしい。よく肥えた穴子、宮川産ワサビ…小野さんの才能を信頼し、生産者も良いものを揃えてくれる。

1／身が厚い穴子と野菜天ぷらがセットになった天せいろ。天ぷら用の塩は、そばに付けても乙だ。
2／祖先からの営みを受け継ぐ建物を改装した店内。ビルトインガレージには店主の愛車も。
3／「一茶庵」でそばに感銘を受けた小野さん。以来そば道に邁進する。

せいろ1000円
粗びき1100円
つけとろせいろ1500円
天せいろ1800円　税込　10月〜3月は温かいそばも

☎ 0596-25-0677
伊勢市宇治今在家町145-3
営／11:00〜16:00　休／水曜と最終火曜
席／18席　個室／なし　車／向かいに8台
カード／不可　電子マネー／可

75 伊勢 柿右衛門

蓮台寺柿の名産地で
挽きたて、打ちたてのそばを

　明け方、電動石臼が抜き実をすべて粉に挽き終えるかどうかという頃、西村哲平さんは店に入り、その日の分のそばを手打ちする。メインは福井県丸岡産の在来種。ほのかな甘みと上品な香気が気に入っている。父親がうどんと天ぷらを担当。母は選び抜いた素材でだしをひく。西村一家の技術が三位一体となった天ざるは、待ってでも食べたい不動の一番人気だ。

　上質な炙り鴨肉汁に浸して食すつけ鴨、志摩産の自然薯ととろろそばも満ち足りる一品。蓮台寺柿の葉を練り込んだもえぎそばと、あいもりにするのも手だ。

自然薯とろろそば1420円
つけ鴨そば1490円
天ざるそば1530円　税込

☎ 0596-22-5050
伊勢市旭町366-1
営／11:30～14:00
休／木・金曜
席／26席　個室／なし　車／9台
カード／不可　電子マネー／可

1／志摩産の自然薯とろろを特製だしで溶き、ふわふわに仕上げたつけ汁に浸しながら食べるそば。おかわりざるや追いめしを頼む人も。そばは二八だったり、一九だったり、その日により変わる。
2／福井県産の在来種を、毎日店内の石臼で挽いて粉にする。
3／蓮台寺柿の葉の粉末を練り込んだもえぎそばを打つ西村哲平さん。

76 伊勢 HITOSARA

子どもに食べさせたいものを
まっとうな食材で一汁三菜の定食に

　海老と野菜の天ぷら、豚肉のしょうが焼き、鶏の唐揚げ…。しゃれた空間なのに、気さくな定食メニューを揃えるのは主・中森計さんの理想が「ハレの日のお店ではなく、毎日のごはんの場でありたいから」。子どもの誕生をきっかけに、より安全な食を意識するようになった。

　伊勢の宇野さんが作る減農薬コシヒカリ。野菜は県内から。豚肉は「一志ピッグファーム」と食材を厳選している。

　昼と夜で内容も値段も変わらず、いつ行っても期待通りの味を提供してくれる定食屋はありそうでない。

各種定食1200円〜1500円
席の予約不可　税込

☎ 0596-26-2626
伊勢市船江1-6-58
営／月・土11:00〜15:00
　　火〜金11:00〜15:00　18:00〜21:00
休／日曜
席／26席　個室／なし　車／15台
カード・電子マネー／不可

1／海老と野菜の天ぷら定食（1400円）。塩と天つゆのほか、チリソース版もある。どの定食にも添えられるサラダのにんじんドレッシングは、ここにしかない味。
2／大学卒業後カナダへ留学した際、飲食業を目指したという中森さん。和食店での経験が長い。
3／白を基調にした店内はカフェのよう。店の表と裏に駐車場がある。情報はインスタグラムでも。

77 伊勢 shokudo & cafe osse

オッセ

東京から伊勢へ姉妹でUターン
心と体の健康を想うごはん

東京の病院で管理栄養士として働いていた奥山奈津子さんが、世田谷で食堂をオープンしたのは2012年。出身地「お伊勢さん」をもじった名の店は、「大切な人の心と体の健康を想ってつくる、日常のごはん」が信条。伊勢へ移転するや、素材の味を生かした一汁三菜の定食は、多くの人びとに愛されることとなった。

地元で仕入れた季節野菜や新鮮な魚・肉をバランスよく調理。スイーツは姉の知佳子さんが担当。季節で変わるミニパフェはおさえておきたい一品だ。食事はもちろん、外宮参拝後の喫茶にも。

今日のごはん1000円
ミニパフェ500円～

☎ 0596-68-9149
伊勢市一志町3-6
営／11:30～19:00(L.O)
水曜のみ18:00(L.O)
休／木曜と金曜　席／16席
個室／なし　車／5台
カード・電子マネー／不可

1／今日のごはんは週替わり。小鉢は3品付く。
2／青銅の看板が目印。3／季節のミニパフェ。
4／店主の奈津子さん(右)と姉の知佳子さん。

78 (伊勢) 野菜食堂ななかまど

管理栄養士と野菜ソムリエ姉妹が提案するバランス健康食

　総カロリー約600kcalと、栄養バランスまで計算された手作りの料理が味わえる野菜食堂。管理栄養士として病院食に携わるうちに、未病時の食が大切だと気づいた小林くみさんと、野菜ソムリエの妹みどりさんの二人で切り盛りする。

　旬野菜を中心にした「健康定食」は、常時2種類で内容が2週間ごとに替わる。米は、地場産コシヒカリに雑穀をまぜた十五穀米。味噌汁は薄味に。肉は脂が少ない鶏ムネや豚肩ロースなどで工夫を凝らす。飲むサラダと銘打つスムージーは、どれも飲みやすくてオススメ。持ち帰りもOK。

健康定食1000円
牛すじと野菜のカレー定食1000円
飲むサラダ(グリーンスムージー)400円 税込

☎ 0596-63-5531
伊勢市黒瀬町513
営／11:00～14:00(L.O)
休／日曜と隔週月曜
席／22席　個室／なし　車／20台
カード・電子マネー／不可

1／2週間ごとに替わる健康定食。右は人参、グリーンスムージーと豆乳甘酒スムージー。
2／巣ごもり需要に応えて人気を博した健康弁当(780円)。イートインの定食2種のメインが入る。
3／管理栄養士の小林くみさん(左)、野菜ソムリエのみどりさん姉妹。

79 ㊞伊勢 食堂カフェいちしな

レトロお洒落な空間で
旬を慈しむ和膳ランチを

　古い建物を甦らせた内外観は、お洒落カフェの見本のよう。ところが、ごはんはコンパクトにした創作懐石の趣だ。御膳で一度に供される品々は、季節の魚や野菜が主役。ある日の主菜は茸と豚ミンチのパイ包み焼き赤ワインソース。小鉢2種に揚げ物、サラダ……京料理出身の店長が手がけるだけに、丁寧な仕事のなかにみずみずしい感性が光る。

　「和食ベースだからか、10代から90代まで幅広いお客様がいらっしゃいます」

　ごはんと煮干しだしのお味噌汁、香物だけでも満足できるほどの完成度だ。

季節の香り御膳2020円
和の気持ち御膳1550円
いちしな心のプレート1200円

☎ 0596-63-7117
伊勢市船江3-11-2
営／11:00～15:00(L.O)
休／不定
席／39席　個室／なし　車／8台
カード・電子マネー／不可

1／ある日の季節の香り御膳。味噌汁の後ろは牛蒡のすりながし。天ぷらは季節野菜の5種盛り。サラダのドレッシングも季節の食材で手作りされる。
2／古い家具がセンスよく配された店内。セレクト雑貨ショップが隣接している。
3／交通量の多い道路沿いにありながら、ここだけ公園のよう。駐車場が少ないので乗り合わせを。

80 伊勢 ごはん屋 soul 満（まん）

ふわとろ卵の角煮オムライスは必食
定番に工夫アリの和のごはん屋

　店内飲食の自粛が呼び掛けられたとき、『soul満』のあるじ前田満さんの動きは敏かった。煮込みハンバーグ、チキン南蛮、肉どうふ、だし巻き玉子といった自店の定番メニューを弁当にし、店舗階下の駐車場でドライブスルー方式で販売したのだ。これが新たな顧客の心をつかんだ。「コレと決めたら浮気しないお客さんも多いです」。豚の角煮オムライスもその口。ふわふわ卵に甘口のだしあんがかかり、箸でホロッと崩れるほど柔らかい角煮がごはんの中に潜む。和食料理人の手腕が光る、必食の一品だ。

定食800円〜
お弁当700円
税込

☎ 0596-23-0633
伊勢市神田久志本町1467-4
営／11:30〜14:00
　　18:00〜21:00（共にL.O）
休／日曜　席／20席　個室／なし　車／5台
カード・電子マネー／不可

1／和風でやさしい味の豚の角煮オムライス定食。ホロッとほどける柔らかさが絶妙だ。
2／コロナ禍に生まれたお弁当。煮込みハンバーグ、チキン南蛮、肉どうふなど。今も対応する。
3／1階は駐車場で、店は2階に。階段を上がれば、前田夫妻が笑顔で迎えてくれる。

81 （伊勢）喜心 （きしん）

根菜に旬菜、雑穀、海藻たっぷり
昭和な古民家で味わうスローな定食

『喜心』とは禅の言葉で、喜んで料理に取り組む心。ヨガを学び、自然菜食を通じて人々の笑顔を願う河俣由佳里さんの日々は、自然や出会う人への感謝に満ちている。「根底におきたいのは素朴でどこか懐かしい日本の家庭料理なんです」

動物性食品・化学調味料・白砂糖は不使用。塩や醤油、みそ、みりんなど、昔ながらの調味料で味に変化を付ける。無農薬野菜は、伊勢や多気町など近郊農家から。旬菜、根菜、豆、雑穀、海藻、ごまがたっぷりの定食は、噛み締めるほどおいしさが沁みる。

本日の定食1320円
定食＋ドリンク1595円
自然菜食弁当1080円
予約優先

☎ 0596-26-2800
伊勢市吹上2-12-5
営／11:30〜14:30(L.O)　販売は17:30まで
休／日曜と水曜　席／10席　個室／なし　車／5台
カード・電子マネー／不可

1／豆類や海藻、ごまなど、普段の食事で足りないものが一度に満たされる定食。料理に使われているのと同じ野菜や調味料、安心なお菓子なども店内で販売する。
2／昭和2年建築の木造家屋はホッと落ち着ける。畳敷きにテーブルで過ごしやすく。
3／毎日メニューを手書きする河俣さん。

82 玉城 TREE FARM

親が育てる野菜や果物を
愛情込めてお弁当やデリに

「子育てに仕事に頑張ってるひとが、たまには料理を手抜きしたいけど、家族には安心安全なものを食べさせたい。そんなとき頼ってもらえるお店になれば」

南晶子さんは相可高校食物調理科の出身。大阪の調理専門校、日本料理店を経て、現在は柿畑にたたずむ工房で毎日お弁当とお惣菜を手作りしている。

米と野菜、果樹は両親が育てている。素材を生かした薄味のお惣菜は、テイクアウト需要の高まりを受けて全国発送も始めた。その日のメニューはSNSで発信されるので要チェック。

1／日替わり弁当とお惣菜（一例）。具沢山サンドやケーキがある日も。
2／ショーケースにはピクルスやサラダ、ドリアなど魅力的なデリが並ぶ。
3／「惣菜や人参ドレッシング、万能ダレなど全国発送をはじめました！」と南さん。最新情報は、Instagram、LINEなどで。

日替わり弁当650円
お惣菜320円〜
オードブルなど応相談　税込

☎ 0596-67-4035
度会郡玉城町原616
営／11:30〜夕方
休／日・月・火曜（臨休あり）
席／10席　個室／なし　車／6台
カード／不可　電子マネー／可

83 鳥羽 ミュゼア

鳥羽湾を眺める2階席で
自家焙煎コーヒーとスパイスカレーを

　開店前の朝、レトロなビルの一角から白い煙が立ちのぼる。遠藤隆宏さんがスペシャリティコーヒーの生豆を焙煎しているのだ。少量ずつローストするから豆は常に新鮮。注文のたびハンドドリップで一杯ずつ淹れてくれる。

　スパイスカレーは、大阪出身の遠藤さんが威信をかけて生み出した名物。ホールスパイスとハーブ10数種を調合し、バターチキンとキーマ、シーフードとダルなど、必ずあいがけで供される。スープ状であっさりした辛さ、アチャールや半熟卵の効果もあり、一気に完食してしまう。

自家焙煎コーヒー370円〜
スパイスカレープレート1080円＊
ローストビーフライス1180円＊　＊は税込

☎ 0599-37-7211
鳥羽市鳥羽3-5-24
営／11:00〜17:00
休／火曜
席／24席とテラス6席　個室／なし　車／なし
カード・電子マネー／可

1／スパイスカレーはテイクアウトも可。プラス料金でドリンクセットにできる。
2／コーヒー豆を焙煎中の遠藤さん。
3／ワンコ連れに好評のテラス席。

84 志摩 鮨 暁 <small>すし あかつき</small>

田曽浦、波切、和具から届く
旬の天然魚のみを握りに

　クエ、キジハタ、ヒラマサ、金目鯛、ハコ
エビ…通常メニューとは別に用意された、
〝本日のおすすめ書〟には心がときめく。
鮮度の良し悪しが如実な光り物や貝類を
豊富に揃え、海女漁が解禁される夏には、
白・黒・マダカの活アワビ御三家が揃うこ
とだってあるのだから。

　あるじ寺田信也さんは南伊勢町田曽浦
の生まれ。10代で志摩を離れ、修業先か
ら帰郷したとき、ふるさとの豊饒な海幸に
改めて感激した。毎朝、友人が田曽浦から
熊野灘の幸を、波切と和具の市場からは
仲買人が伊勢湾口の幸を届けてくれる。

にぎり盛り合わせ・ちらし
1800円・2200円・3300円
ランチセット1700円

☎ 0599-45-5586
志摩市阿児町甲賀1460-2
営／11:30〜14:00　17:00〜21:00
休／水曜
席／21席　個室／なし　車／30台（共用）
カード／可　電子マネー／不可

1／赤貝、アジ、アオリイカ、黒アワビ（右上から時計回り）。
2／テナントの一角にあり、店構えも敷居が高すぎない。
3／南伊勢町生まれの寺田さん。海鮮たっぷりのちらしも人気。

85 志摩 いかだ荘山上

かき筏の浮かぶ的矢湾を眺める宿で
かきのフルコース、伊勢志摩めしを

的矢湾を望む高台にある『いかだ荘山上』は、かき料理の宿として3代になる老舗だ。生にはじまり、煮たり、焼いたり、揚げたり。スープ、炊き込みご飯にいたるまで、あらゆる調理法で名産かきの滋味を満喫させてくれるフルコースは、つとに知られる。当主・井坂泰さんの代からかき養殖もはじめ、年中生食できる伊勢志摩プレミアムオイスターを開発。宿オリジナルのスロヴェニアワインとのマリアージュは、全国の美食家からも注目されている。「伊勢志摩めし」と名付けた、鰻の一本重、鯛茶漬け、かき丼なども味わえる。

名代的矢かき料理5500円〜（10月〜3月）
伊勢志摩めし3500円〜
1泊2食付12000円〜

☎ 0599-57-2035
志摩市磯部町的矢883-12
営／11:00〜14:00（要予約）
休／木曜　12月31日・1月1日
席／80席　個室／あり　車／50台
カード／可　電子マネー／不可

1／名代的矢かき料理は、生、焼、煮、フライからスープ、炊き込みご飯にいたるまでのフルコース。夏場は「的矢夏がき」のコースも。　2／伊勢志摩めしのひとつ、国産うなぎの一本重。3／的矢湾を眺めるウッドテラス。館内ロビーでは毎夜、ライブ演奏が行われる。

里山の木を自ら伐採
安心でおいしい原木椎茸

　原木しいたけを食べたことがあるだろうか。あわびを彷彿させる、むっちりとした弾力。えもいわれぬ香りと滋味が口いっぱいに広がり、うまみが長く続く。同じ調理法で食べ比べをすれば、菌床しいたけがいかに無味無臭か、ちがいは歴然だ。
「店頭などで料理実演をさせてもらうと、しいたけ嫌いの子が『おいしい!』と食べてくれます。ほんとうの味を知らないだけ」

　松阪市郊外、白猪山の麓にある『田上きのこ園』。田上敦志さんは、菌床栽培が普及して以降、減少の一途をたどる原木しいたけを守り抜くべく、『国産原木しいたけ生産者の会』を有志と立ち上げ、栽培方法の違いを明記するよう国に働きかけた。一方では、クリタケ、マイタケ、ヒラタケなど、珍しいきのこの原木栽培にも取り組み、情報発信に努めている。

　しいたけの原木栽培は、ホダ木（原木）に穴をあけて菌を植え、1年半から2年後に収穫する。かたや菌床栽培は、オガクズなどの木質基材に栄養源を混ぜ込んだ人工培地。早いと90日で出荷できるため、多くの生産者は菌床へ流れた。しかし、田上さんは「自分がおいしくないと思うものはつくれない」ときっぱり。2011年の原発事故が起きるまでは、福島県のホダ木を使っていたが、供給がストップしたこと、放射性物質の心配も払拭できないことから、翌年からは近くの里山に分け入り、自らクヌギやナラなどを伐るようになった。

　ホダ木の伐採は初冬に行う。夏に伐らないのは木の再生を考えて。そのまま森の中で葉枯らし乾燥させ、年が明けたら山から搬出し、必要な長さに玉切りする。春はずっと植菌に追われる。田上さんは「食べておいしい」を優先し、菌のセレクトからこだわって栽培している。きのこの原木栽培は、森の新陳代謝を促し、里山林の維持管理に貢献する。環境保全型農林業なのだ。育てる人も食べる人も幸せになれる原木しいたけが、あたりまえの時代を取り戻したい。

田上きのこ園
松阪市大石町1419
TEL.0598-34-0153

NAGI-69号特集「里山の知恵」より

ブロッコリー

色のないイラスト

きいろの戸口／岩田智代さんの絵を初めて見たのはInstagram。

食パンや野菜、魚介…色が溢れる時代に

白い紙に黒一色で描かれた世界が新鮮に映った。

太く濃い鉛筆で模写していると思っていた絵は

細筆に墨を含ませては、膨大な時間を注いでちまちまと描かれていた。

パソコンの画面ではわからないけど、原画を前にすると鳥肌が立つ。

色がないことで、見る人は想像力をかきたてられる。

ゆっくりじっくり手間ひまかけて生み出されたものは豊かだ。

エダマメ

ヒオウギガイ

トマト

サトイモ

ミカン

アサリ

黒潮よせる熊野灘のめぐみ

奥伊勢・東紀州

86 大紀 CAFEめがね書房

古書に囲まれたレトロな空間で
地元焙煎の黒・白のコーヒーを

1

　読書にはコーヒーが不可欠。長らく製本会社に勤めていた染川卓摩さんは、生まれ故郷に文化の拠点をと理想を詰め込んだブックカフェを開いた。古本業界の用語にヒントを得たオリジナルブレンドは、味わいにちなんだ「白」と「黒」。それぞれ地元の焙煎家に依頼した特注だ。

　何事も熟考する質の店主が試作の末に黒板に掲げるフードメニューは、外れなし。スパイスがくせになるカレー、待つ甲斐ありのカルボナーラ、果物からシロップをつくる夏のかき氷はSNS投稿で拡散される。ギャラリーでは個性的な展示も。

ブレンドコーヒー450円（おかわり250円）
バターチキンカレー1100円　税込

☎なし
度会郡大紀町野原576-2
営／火〜金12:00〜19:30
　　土・日・祝11:00〜17:00
休／月曜と第1・3日曜
席／12席　個室／なし　車／10台
カード・電子マネー／可

2

3

4

1／民家をお洒落に改装。2／染川さん。3／カレーは毎日限定数のみ。4／冬季のいちごパフェ。

87 大紀 こんぺいとう

瀧原宮近くの古民家カフェで旬食材の御膳ランチを

　伊勢神宮の別宮・瀧原宮のすぐ近く、熊野街道沿いにある古民家カフェ。築130年超の建物を活かした空間で、親子三人がランチ、お弁当、おやつと役割分担して用意する。

　朱色の御膳に季節感あふれるおかずが盛られたこんぺいとうランチは6食限定。日替わりランチやお弁当も優しい味わいに癒される。当初からテイクアウトに取り組み、大内山牛乳や地卵を使ったスイーツ、パン、地野菜のお惣菜は人気。クリスマス、おせち、恵方巻……節目ごとの行事食も手掛け、地域に欠かせない存在だ。

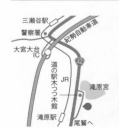

こんぺいとうランチ1600円
日替りランチ800円
お惣菜160円〜　税込

☎ 0598-86-3666
度会郡大紀町滝原1029-1
営／11:00〜18:00（ランチ11:00〜14:00）
休／土・日曜と祝日
席／15席　個室／なし　車／10台
カード・電子マネー／不可

1／ある日のこんぺいとうランチ（1日6食限定）。地野菜のぬた、タケノコの煮付け、サワラの木の芽味噌和えなど、春を感じさせる食材がふんだんに。
2／元伊勢ともよばれる瀧原宮参りの前後に立ち寄る人も多い。
3／親子で店を切り盛りする中西さん。SNSで限定メニューが発信されるので要チェック。

88 大台 イル ヴィーヴォ

**薪窯を載せたキッチンカーで
オーガニック野菜たっぷりの地ピザ**

地粉ニシノカオリを使った生地と、酪農家から直送される北海道産モッツァレラチーズ。薪窯を積んだキッチンカーで、地産の具材をトッピングするピザを県中・南勢で移動販売している『イルヴィーヴォ』は、毎週木曜のみ江馬本店で窯を稼働させる。錦爽鶏、鳥羽湾の幸、大台ジビエ、ご近所農園のオーガニックバジルソース…広葉樹の薪をくべた窯内で焼かれるピザは、表面がパリッ、中はモチッ！

グッディ度会店での月イチ出店、新たに始めたオンラインショップ、出張イタリア料理にも力を注ぐ。

ピッツア　ホール900円
カルツォーネ600円
ドルチェ300円～　税込

☎ 0598-89-4187
多気郡大台町江馬148-1
営／12:00～18:00
休／不定
席／2席　個室／なし　車／可
カード／不可　電子マネー／可

1／町内や県産の無農薬野菜、地元の具をたっぷりトッピングし、モッツァレラチーズをちらす。肉、シーフード、ジェノベーゼ、マルゲリータが定番。
2／東京で20年以上イタリアンの料理人として働いてきた細川哲幹（あきよし）さん。
3／季節限定の燻製鹿。薪の香ばしさが自慢。キッチンカーの出没先は、SNSで確認を。

89 大台 月壺

年中食べられる〝子持ち〟が名物
宮川産の鮎を塩焼き、フライ、甘露煮で

　鮎の生産者が営む鮎料理の店。めずらしい子持ち鮎の塩焼きが、ここでは年中食べられる。

　子持ち鮎いろいろ定食なら、若鮎の甘露煮に、サクッと揚がったフライもついてお値打ち。まるまると肥えた塩焼きは、ぎっしり詰まった卵で口の中がいっぱいに。小鉢は自家野菜や山菜で手作りされているのもうれしい。さりげなく添えられた鮎味噌は、厨房を切り盛りする地元主婦たちによる創作メニュー。デザートまで日替わりだ。トンカツ、ハンバーグなどの定食も豊富で、ごはんはおかわり自由。

月壺定食1000円
特大子持ち鮎定食1900円〜
ハンバーグ定食880円〜

☎ 0598-76-8080
多気郡大台町薗1274
営／11:30〜14:00　金土のみ17:30〜20:00
休／水曜
席／35席　個室／なし　車／10台
カード・電子マネー／不可

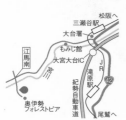

1／塩焼き、フライ、甘露煮が一度に食べられる子持ち鮎いろいろ定食。春の小鉢は筍、自家製日野菜漬、自生のイタドリと山の香りいっぱい。ごはんはおかわり自由。
2／せせらぎが流れ、窓からモミジが望める絶景のロケーション。冬には薪ストーブの暖が。
3／店主の大森久美子さん(左)とスタッフ。

90 紀北 ビストロ モンテメール

東紀州の海山の恵みを
大らかなフレンチの一皿に

　那智黒石の板に盛られた前菜。紀州の
キッシュにはアオサ、トマト、椎茸、ブリ、
タコが。テリーヌは、真鯛の燻製と春野
菜、昆布・椎茸・鯛の皮からとった和風出
汁のゼリーが渾然一体に。どの皿からも
山下智久シェフの地元愛が伝わる。

　「フレンチは料理を一度分解して、自分
なりに再構築する。そこが魅力」

　故郷が好きで紀北町へ帰ってきただけ
に、地元のこだわり生産者の食材を積極
的に活用。文句なしの地魚はもちろん、ア
オサやヒロメといった海藻類の味、香りを
生かした〝山下フレンチ〟を提案する。

昼1030円〜
夜4200円〜（要予約）
ディナーアラカルトあり

☎ 0597-31-0101
北牟婁郡紀北町船津1598-3
営／11:30〜14:00　17:30〜21:00
休／水曜と木曜
席／20席　個室／なし　車／8台
カード・電子マネー／不可

1／地物がひしめく前菜。後ろはご当地産「デアルケトマト」のキッシュ。
2／真鯛のポワレ、アオサのリゾット添え。春を感じるひと皿。
3／元喫茶店を改装し2017年12月オープン。山下シェフは岐阜のイタリア料理店、名古屋の
フランス料理店で修業を積んだ。休日には松阪〜新宮間を巡って旬の食材を探しまわる。

91 紀北 にしむら亭

くつろげる民家で
お箸でいただく欧風コース料理

　引き戸を開けるとタイル貼りの懐かしい玄関が。座敷、中庭、小石のお人形。一家の住まいを改装したレストランでは、西村秀士さんが料理を、母親が接客と空間づくりを担う。

　お箸でいただく欧風コースは、東紀州の海鮮づくし。地元でとれた魚介のサラダから始まり、渡利牡蠣のグラタン、伊勢海老のグリル……素材の良さを生かした優しい味付けだ。松阪牛のカットステーキには、ご飯と梅干しを添えて。「奇をてらわず、食べやすさを意識しています」。物腰やわらかな親子のもてなしに心がゆるむ。

コース3100円・4100円・5100円
完全予約制

☎ 0597-35-0555
北牟婁郡紀北町上里261-3
営／11:00〜15:00　17:00〜
休／木曜
席／15席　個室／あり　車／5台
カード・電子マネー／不可

1／5100円コースの一部。伊勢海老は塩コショウのみでシンプルに。鮮度が良いため身がプリプリしていて最高だ。デザートはジェラートや季節のフルーツの組み合わせ。
2／西村さん親子のほのぼのした人柄が魅力。
3／日当たりのいい客間の部屋。「小石のまちかど博物館」の作品が飾られている。

92 紀北 一冨士

かます、ガスエビ、渡利かき…
東紀州の魚介にこだわる海鮮処

　幻の牡蠣とよばれる渡利かきが養殖される白石湖のすぐそば。冬季限定の渡利かきコースが有名で、これを目当てに遠方から訪れる客が後を絶たない。

　一年を通じて人気があるのは、海鮮ちらしや刺身定食。「味が全然ちがいますから。ここらで水揚げされる魚介しか使いたくない」とあるじ奥村信幸さん。いまも大漁祈願の祭りが行われるほど、よく獲れる地カマスを使ったバッテラは、オリジナル。ホロッと崩れる身と昆布がいい。カマスの酢の物、尾鷲のガスエビかき揚げなど、熊野灘の豊かな幸を堪能できる。

渡利かきコース4000円
海鮮ちらし2000円
にぎり1200円～

☎ 0597-32-0250
北牟婁郡紀北町相賀1992-8
営／11:00～14:00　16:00～22:00
休／月曜　席／30席と別棟宴会場
個室／あり　車／10台
カード・電子マネー／可

1／中トロ、白身、ウニ、イクラ、貝、穴子など10種の具がのる海鮮ちらし。尾鷲のガスエビのかき揚げは、サクサク衣の中にほの甘いエビがたっぷり。かますバッテラはおみやげにも好適（900円・税込）。
2／渡利かきを育む汽水湖・白石湖の近くにある。
3／渡利かきコースは11月～3月限定。湾の牡蠣より成長が遅いぶん、うまみが濃厚だ。

93 尾鷲 一重 いちじゅう

寿司職人の父が目利きした
尾鷲の天然魚を娘がコース料理に

「こちらが寿司屋のカルパッチョです」
　ガラスの器の波間に尾鷲の天然魚が生き生きと踊る。ヒラメ、ヤガラ、マダイ、ハガツオ、ガスエビ……父・中山一重さんが選り抜き、丁寧に仕事を施した極上ネタに、娘の麻美さんが山葵醤油のヴィネグレットソースをはらり。和と洋の共同作品だ。
「魚介はその日の海まかせ。野菜やハーブは地元の無農薬菜園から」
　寿司屋の西洋料理は、父の握りから。珍味揃いのプレートをつまみ、スープ、メイン、デザートまで、国内外で料理修業してきた麻美さんのセンスが冴え渡る。

西洋寿司膳5000円〜（2日前までに要予約）
おまかせにぎり3000円〜

☎ 0597-22-8991
尾鷲市南陽町9-3
営／11:30〜14:00　16:30〜21:00
休／水曜
席／30席　個室／あり　車／6台
カード／可　電子マネー／不可

1／西洋寿司膳（8000円コースの一部）。尾鷲港に水揚げされる極上の天然魚で組み立てられる。この日のメインは手長エビ。エビのバリエーションが豊かな尾鷲らしく、寿司にはオニエビも。
2／互いの腕に信頼を寄せ合う中山さん親子。いちばんの批評家で理解者だ。
3／生きた状態で届けられた手長エビ。活けだからこそ、身が弾けんばかり。

94 紀北 らぁめんつけめん ケンぞ～

**業界を渡り歩いた末に辿り着いた
じっくり煮出したスープの無化調ラーメン**

1

　20代の頃、東京でバンド活動をしながら多ジャンルの飲食店を渡り歩いた桑原健次さん。故郷へ戻り、始めたのが吟味した材料でじっくり時間をかける無化調ラーメン店だ。

　麺は信頼できる製麺所から4種類を取り寄せ。店主はスープづくりに精魂を傾ける。とんこつスープは、豚を3日間気長にコトコト。鶏スープは、親丸鶏と鶏もみじ、昆布を煮詰める。魚介スープは、鰹節、サバ節、イワシ、昆布…。それら3種をブレンドし、免疫力を高めるスープに仕立てているので、安心して汁まで飲み干したい。

まぜめん800円（卵入り850円）
ニューケンぞ～ラーメン850円
つけめん ど肉950円　税込

☎ 090-5608-8247
北牟婁郡紀北町相賀1483-1
営／11:00～15:00　17:30～21:30（金土は～21:00）
休／火曜の夜・第3日曜
席／38席　個室／なし　車／15台
カード・電子マネー／不可

3

1／自信作のまぜめん（卵入り）。自家製香味ラードと鶏スープを含んだタレを絡めながら食す。
2／自らが食べたい味を独学で究め続ける店主。
3／磯の香りが濃厚なあおさラーメン（850円）。

95 尾鷲 カフェ スケール

鉄工所を改装したカフェで
ネルドリップ珈琲の香りに深呼吸

　地元で愛されるカフェは尾鷲神社のすぐ近く。鉄工所時代の名残りを感じさせる空間に、父が製作した机や椅子が。朝8時に扉が開くと、なじみ客が一人また一人とモーニングに訪れる。

　創業時から変わらないブレンドコーヒーを、ネルフィルターでじっくり抽出するのは濱野恭行さん。旬果実のタルトやケーキ、焼菓子も手がけ、SNSで日々発信している。料理は母の担当。ドリアやカレーなど気取りのないメニューながら日替わりでコーヒー付きとあって、毎日通う人も。窓辺からの自然光が、読書気分を誘う。

モーニング550円
日替わりランチ850円〜1000円
コーヒー350円〜　ケーキ300円〜　税込

☎ 0597-22-5258
尾鷲市宮ノ上5-11
営／8:00〜18:00　ランチ11:30〜14:00
休／水曜と木曜
席／16席　個室／なし　車／5台
カード・電子マネー／不可

1／鉄と木の素材感が落ち着ける店内。朝8時から10時までは、パンとサラダ、オムレツ、ベーコン、フルーツサラダが付く手作りモーニングが人気。
2／コーヒーを淹れる恭行さん。地域活性化につながる活動にも取り組む。
3／尾鷲産ガスエビのパスタ。良い魚が水揚げされると近所の魚屋から連絡が入る。

奥田美和子さん(左)と葛原店長。

自然食品店は、暮らしの味方

無農薬野菜や無添加調味料はもちろん、環境にやさしい石鹸や化粧品…
暮らしをスローにしてくれるモノが揃っている、それが自然食品店です。
衣食住を少しずつオーガニックに変えていくと
こころとからだの調和がととのい、毎日が楽しくなりますよ。

ハラペコあおむし

　はじまりは 2003 年、奥田美和子さんが伊賀市の愛農学園農業高校内で、一般向けに有機農産物を売り出したのがきっかけ。国道 165 号沿いの現在地へ移転してからは、有機野菜や卵、大豆製品、パン、おやつ、雑貨、本まで充実。毎週水曜と第 2 土曜には、「ハラペコ里の市」と題したマルシェも行われる。

　愛農高校ブランドの豚肉やハム、ソーセージは、近年人気沸騰中。おとなりの京都や奈良のオーガニック品も豊富だ。

●名張市上小波田1810-6
TEL.0595-67-0155　日曜定休
http://harapeko.mie.jp/harapeko/

岡田屋本店

　東海道沿いにある酒・食料品店が、伝統酒・伝統食の専門店へと改革されたのは 1980 年代。4 代目・岡田昌さんと妻の桂織さんが全国を行脚し、集めたものを置くようになった。

　現在は 5 代目が豆の計り売りや伝統調味料を受け継ぎながら、自然に寄り添った小規模生産者のワインなど食のセレクトショップとして新装オープン予定(2021 年夏以降)。

●亀山市西町436
TEL.0595-82-0252　火・水・祝定休

豆を量る岡田桂織さん。

四日市健康生活センター

　創業は1972年、「石けん運動」の頃。2代目・綿谷直人代表は、地域のひとを思い商品アイテムの充実に力を注ぐ。平飼い有精卵、近隣農家の野菜、天然塩、木桶仕込みの醤油。シャンプー、洗剤、石けんから、お菓子、調味料、インスタント＆レトルト食品、調理器具、健康補助食品まで実に多彩だ。

　広い駐車場を活かして、7月と12月には近郊の作り手によるマルシェを開催。毎月第3火曜にはプチマルシェも行われる。

●四日市市久保田1-6-44
TEL.059-351-5541
日・祝定休
http://www.1bangenki.com

坂井屋商店

　伊勢湾岸道・みえ朝日ICから約1km。八風街道沿いにある和食と自然食材の店（→15P）。

　有機野菜は、信頼できる近郊の生産者や産地から。平飼い卵は長野の養鶏場から。オーガニック食品や自然派調味料、お茶、お菓子、冷蔵＆冷凍品、天然酵母パン、お酒も扱い、約1000品目にも。「グルテンフリーや卵不使用など、さまざまなニーズにお応えするうちに増えていきました」と当主・坂井紳介さん。スタッフも知識豊富だ。

●四日市市市下さざらい町3-16
TEL.059-336-6310
火・水定休
https://kesunshi3.wixsite.com/mysite

喜心

近鉄宇治山田駅近くにある自然食レストラン「喜心」(→97P)では、料理に用いているのと同じ食品や調味料を販売しており、買い物だけの利用客も少なくない。

野菜は近郊農家から。調味料や乾物などはオーサワジャパンをはじめ、歴史ある自然食品メーカーの品が多い。天然酵母パンや、小麦粉不使用のお菓子は、人気につき早めになくなることも。

●伊勢市吹上2-12-5
TEL.0596-26-2800　日・水定休
https://y1012828.wixsite.com/website

かねこや

江戸時代から続く米の卸商で、1972年から自然食品も扱うように。「食は生きる基」をモットーに金児直子さん、達也さん親子が体にいいモノをセレクトしている。

生鮮食品は入荷日が決まっており、野菜が揃う水曜日には多くの人でにぎわう。市内の保育園に安心素材のおやつを納入しており、アレルギー対応のお菓子は特に充実している。

「油を含め、調味料をまず確かなものに変えることがおすすめです」(達也さん)

●松阪市新町830
TEL.0598-21-2602　日曜定休
https://www.e-kanekoya.com/

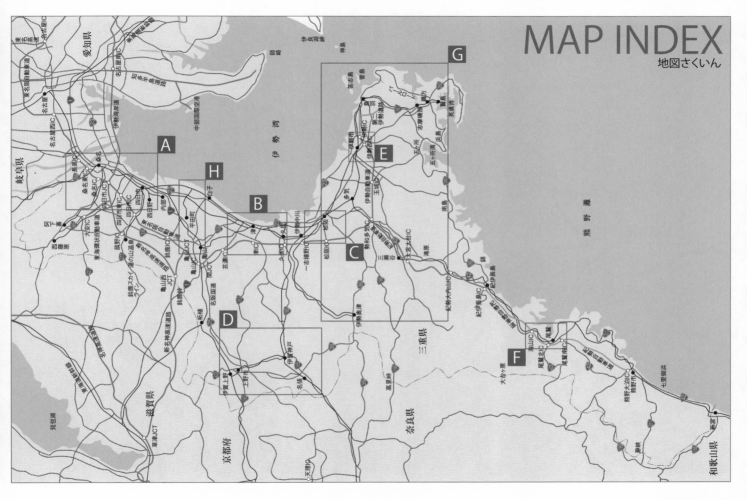

MAP INDEX
地図さくいん

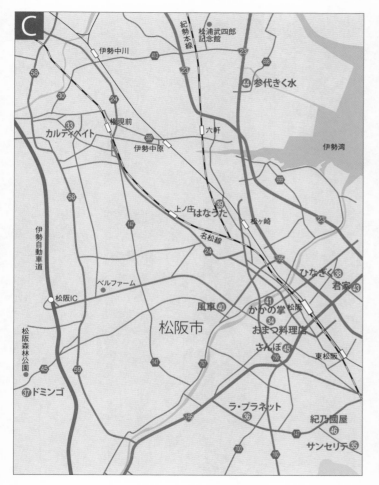

C

紀勢本線
松浦武四郎記念館
伊勢中川
(413)
(23)
(58)
(666)
参代きく水 (44)
(30)
(24)
権現前
(33)
カルティベイト
伊勢中原
六軒
(580)
伊勢湾
(58)
伊勢自動車道
(147)
上ノ庄 はなうた (39)
名松線
松ヶ崎
(23)
(24)
(166)
松阪IC
ベルファーム
ひなぎく (38)
君家 (43)
風車 (40)
かかの掌 松阪 (41)
おまつ料理店 (34)
松阪市
松阪森林公園 ●
(45)
(59)
(147)
(757)
さんぽ (45)
東松阪
(766)
(37) ドミンゴ
ラ・プラネット
紀乃國屋 (46)
(166)
(36)
サンセリテ (35)
(147)
(700)
(180)

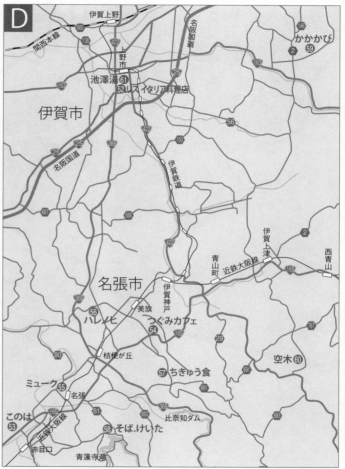

D

伊賀上野
名阪国道
関西本線
(158)
(422)
(146)
かかかび
(2)
(59)
上野市
池澤湯 (61)
(52) レス イタリア料理店
伊賀市
(25)
(422)
(150)
(56)
名阪国道
(25)
(368)
(422)
伊賀鉄道
伊賀上津
(2)
西青山
(165)
青山町 近鉄大阪線
(166)
名張市
伊賀神戸
美旗
つぐみカフェ
ハレノヒ (56)
(54)
(29)
空木 (60)
(691)
桔梗が丘
(80)
ちきゅう食 (57)
(691)
ミューク (55)
名張
(693)
比奈知ダム
(368)
このは (53)
近鉄大阪線
(81)
そば.けいた (58)
青蓮寺湖
赤目口

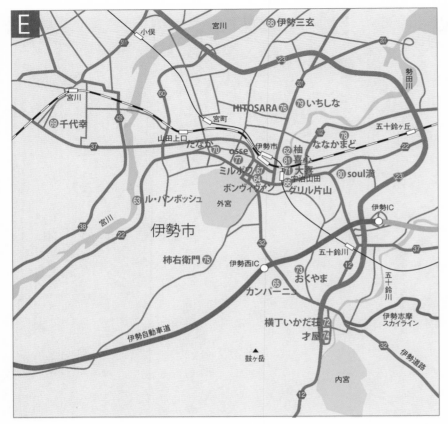

E

小俣
宮川
68 伊勢三玄
511
201
宮川
23
勢田川
60
201
千代幸 69
宮町
HITOSARA 76 79 いちしな
428
山田上口
宮町
37
たなか
70
osse 77
伊勢市
62 柚
78
五十鈴ヶ丘
102
ななかまど
ミルボア 67
81 喜松
22
64
71 大喜
ボンヴィヴァン
66 宇治山田
グリル片山
80 soul満
ル・パンボッシュ 63
外宮
23
伊勢IC
38
宮川
伊勢市
22
柿右衛門 75
32
伊勢西IC
五十鈴川
37
65
73
12
カンパーニュ
おくやま
五十鈴川
伊勢志摩スカイライン
横丁いかだ荘 72
才屋 74
32
伊勢道路
伊勢自動車道
鼓ヶ岳
内宮
12

F

42
モンテメール 90
船津
91
にしむら亭
紀北町
船津川
紀勢自動車道
海山トンネル
海山IC
白石湖
相賀
冨士
高丸山トンネル
760
92
202
銚子川
94
キャンプinn海山
ケンぞ〜 海山
尾鷲市
便石山
尾鷲トンネル
42
天狗倉山
尾鷲北IC
スケール
95 スケール神社
イオン
尾鷲
おとと
尾鷲湾
93 一重
2020年夏開通予定
778
熊野古道センター
大曽根浦
42
311
778
尾鷲南IC

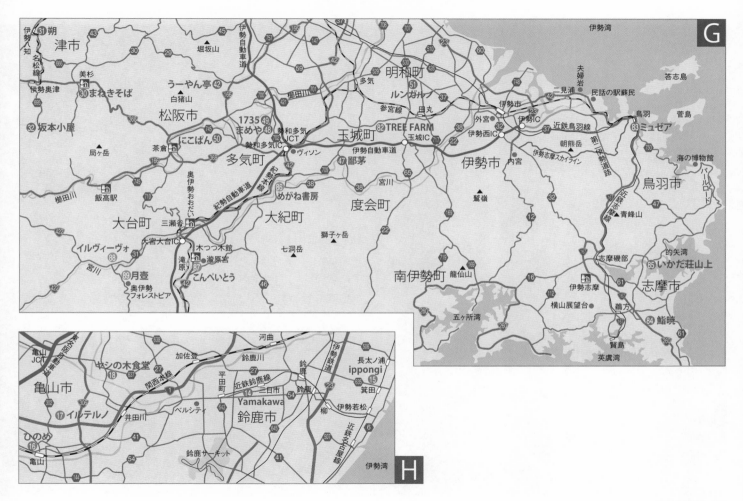

山伏とともに20年、山林抖擻した渾身の写真集

熊野修験 *Kumano Shugen*　森　武史

B5判上製140頁(カラー)　2,750円(本体2,500円+税10%)

地球の来し方、行く末を想起させる世界旅行写真集

Find Something　森井一鷹

A5判上製160頁(カラー)　2,750円(本体2,500円+税10%)

命の海をいかにして原発から守ったか

原発の断りかた　柴原洋一

四六判220頁　1,650円
(本体1,500円+税10%)

イートくんの
おたんじょうび

作　中井義晴
画　シャンティー

A4変型判上製30頁(カラー)
1,650円
(本体1,500円+税10%)

"北海道の名付け親"と慕われる幕末の探検家

松浦武四郎入門　山本　命

A5判144頁　1,100円
(本体1,000円+税10%)

ユニークな萬古焼の魅力に迫る　内田鋼一監修

ここは
ばんこ焼のまち!

B5判144頁(カラー)　1,650円
(本体1,500円+税10%)

50音さくいん

数字は掲載番号、英文字はP119〜のエリア別地図名

PASTO**NAGI**

三重のスロー食堂Ⅲ
2021年4月1日発行

発行人	吉川和之
編集人	坂　美幸
販　売	吉川祐美子

ライター	久世伸子・野木みか・佃　弘子
	中村智恵子・中村元美
撮　影	森　武史・松原　豊・山口達也
	森井一鷹・國保江実奈
イラスト	きいろの戸口／岩田智代
デザイン	rabbit house
印　刷	株式会社シナノパブリッシング

発　行	月兎舎

〒516-0002　三重県伊勢市馬瀬町638-3
TEL.0596-35-0556　FAX.0596-35-0566
https://www.i-nagi.com　E-mail usagi@i-nagi.com

その一食を大切に

　未知のウイルスによって、私たちは生活の変革を余儀なくされた。大人数での会食を避け、会話はマスク越しに。外食より、テイクアウトや宅配が安全という風潮だ。食べる行為には生命や健康を維持するだけでなく、精神を落ち着かせる、人と人との絆を強めるといった社会的な役割もあったはず。日がな一日、誰とも会わず、食事もひとりでは気が滅入ってしまう。

　いつだったかラジオ番組で、地方から来た大学生が初顔合わせする際、必ず盛り上がる話題というのを紹介していた。それは「一番思い出に残っている食事」。面白かったので家族に話したところ、「俺はあれかな」「私はこれ」と、わが家でも大いに盛り上がった。そのどれもが親や兄弟、友人と過ごした楽しい思い出と結びついていた。

　いつまでも記憶に残る食卓には、きっと大切な誰かがそばにいる。限りある人生、一食一食を満ち足りたものにしたい。　　　　（本誌編集人）